AF519075

भारतीय काव्यशास्त्र की भूमिका

भारतीय काव्यशास्त्र की भूमिका

लेखक
योगेन्द्र प्रताप सिंह
भूतपूर्व प्रोफेसर एवं अध्यक्ष
हिन्दी विभाग, इलाहाबाद विश्वविद्यालय, इलाहाबाद

लोकभारती प्रकाशन
दरबारी बिल्डिंग, महात्मा गांधी मार्ग, इलाहाबाद-1

इस पुस्तक के सर्वाधिकार सुरक्षित हैं। प्रकाशक की लिखित अनुमति के बिना इसके किसी भी अंश को फोटोकॉपी एवं रिकार्डिंग सहित इलेक्ट्रॉनिक अथवा मशीनी, किसी भी माध्यम से, अथवा ज्ञान के संग्रहण एवं पुनर्प्रयोग की प्रणाली द्वारा, किसी भी रूप में, पुनरुत्पादित अथवा संचरित-प्रसारित नहीं किया जा सकता।

लोकभारती प्रकाशन
पहली मंजिल, दरबारी बिल्डिंग, महात्मा गाँधी मार्ग
इलाहाबाद-211 001
वेबसाइट : www.lokbhartiprakashan.com
ईमेल : info@lokbhartiprakashan.com
शाखाएँ : 1-बी, नेताजी सुभाष मार्ग, दरियागंज
नयी दिल्ली-110 002
अशोक राजपथ, साइंस कॉलेज के सामने
पटना-800 006 (बिहार)
36-ए, शेक्सपियर सरणी
कोलकाता-700 017

प्रथम संस्करण : 2007
द्वितीय संस्करण : 2018

मूल्य : ₹ 250

© योगेन्द्र प्रताप सिंह

आस्था पेपर कन्वर्टर
इलाहाबाद द्वारा मुद्रित

BHARTIYA KAVYA SHASTRA KI BHUMIKA
by Yogendra Pratap Singh

ISBN : 978-81-8031-205-2

भूमिका

भारतीय काव्य चिन्तन कविता को सर्वथा निरपेक्ष एवं उसके स्थापत्य को वस्तु के रूप में स्वीकार करता है। कविता का स्थापत्य कैसे निर्मित होता है और किन तत्त्वों का संयोग कराकर उसके स्थापत्य में सौन्दर्यातिशयता की सृष्टि तथा वृद्धि की जा सकती है, प्रारम्भिक स्तर पर इन्हीं तत्त्वों पर विचार किया गया है। दूसरे स्तर पर फिर यह विचार किया गया है कि काव्यात्मक सौन्दर्यविधान का प्रत्यक्ष प्रभाव पाठक के चित्त पर किस प्रकार पड़ता है? कविता के स्थापत्य पर विचार करते हुए भारतीय आचार्यों ने उसकी वस्तुगत गहराई पर जितना अधिक विचार किया है, शायद ही उतना अधिक गम्भीर विवेचन विश्व साहित्य में कहीं हुआ हो? काव्य भाषा तथा विधान की कलात्मक निर्मिति के जितने भी प्रतिमान हो सकते हैं, हमारे काव्य चिन्तनों ने उन्हें खँगाल डाला है।

भारतीय काव्य चिन्तन यह अनिवार्यता के साथ स्वीकार करता है कि कविता की भाषा एक गढ़ी हुई कृत्रिम कलात्मक भाषा है और यह अपने बाह्य ध्वनि सौष्ठव एवं अर्थरंजन दोनों स्तरों पर कवियों द्वारा कलात्मक अभिव्यंजनाओं के साथ गढ़ी जाती है। ध्वनि एवं वाह्य रूप रचना के मानक काव्यलक्षण, काव्यपाक, काव्यशैया, काव्यगुण, काव्यरीति, शब्दालंकार, शब्दमूलाध्वनि आदि हैं। शब्द और अर्थ के संयोग की बात पुनः गुण, रीति, अलंकार, ध्वनि, वक्रोक्ति आदि में उठायी गयी। तीसरे स्तर पर अर्थ को आगे बढ़ाने के लिए अर्थ की व्यंजना तथा शब्द शक्तिओं को माध्यम बनाया गया। इसी के साथ फिर वाक्य, उक्तिविधान आदि के विस्तार से कविता के स्थापत्य को जोड़ने की चेष्टा की गई।

तीसरे स्तर पर भारतीय काव्यशास्त्र में भाषिक सृजन के कलात्मक प्रभावों की चर्चा की गयी। कविता में रची गई भाषा की सौन्दर्यातिशयता एवं अर्थविधान की चमत्कृति का प्रभाव पाठक के चित्त पर कैसा पड़ता है, यह चर्चा आचार्य भरत से मिलने लगती है। भाषिक कलात्मक सृजन जहाँ चित्त को चमत्कृत करता है, वहीं सुगमतापूर्वक जीवन से जुड़े विविध अनुभवों की पहचान कराने में सक्षम माध्यम बनता है। विभावानुभाव संचारी आदि अर्थानुभव से जुड़कर मानवीय जीवन के परिवेश से पाठक को जोड़ते हैं और अलंकार आदि पाठक के मन में शीघ्रातिशीघ्रतापूर्वक उसे आत्मसात् करने का माध्यम बनते हैं। कुल मिलाकर भारतीय काव्यचिन्तन में तीसरे स्तर पर काव्य की उस कलात्मक विशिष्टता का अध्ययन किया गया है जिसे हम आज कला की आस्वादन-अनुभूति की संज्ञा देते हैं।

पश्चिमी काव्य चिन्तन के अन्तर्गत कविता की समान्य कलात्मक निष्पत्तियों एवं जीवन से जुड़े उसके प्रभावों का अधिक विश्लेषण किया गया है। भारतीय काव्य चिन्तन मे 'कविता के प्रयोजन' के रूप में इस समस्या पर सामान्य चर्चा मिलती है। एक कालखण्ड के बाद भारतीय साहित्य में कलात्मक कविता एवं प्रतिबद्ध कविता में अलगाव हो जाने के कारण भारतीय काव्य विवेचन के अन्तर्गत यह संकीर्णता आयी होगी। भारतीय प्रतिबद्ध साहित्य जैसे—वाल्मीकि रामायण, महाभारत, बुद्धचरित, सौन्दरनन्द आदि का अपना इतिहास है और उन्हें भारतीय काव्य परम्परा से पृथक् नहीं किया जा सकता किन्तु ऐसा प्रतीत होता है कि पहली-दूसरी शती से राजाश्रय के साथ कलात्मक रुचि का तालमेल हो जाने के कारण प्रतिबद्ध साहित्य पर्दे के पीछे चला गया और साहित्य से जुड़ी सामाजिक, नैतिक एवं आध्यात्मिक प्रतिबद्धताएँ पीछे हट गयी। भक्ति साहित्य के विकास के साथ-साथ यह प्रतिबद्ध साहित्य एक बार पुनः प्रकाश में आया और आधुनिक काव्य में द्विवेदी युग से शुरू होकर पश्चिमी साहित्य से प्रभावित यह काव्य एवं चिन्तनधारा वर्तमान साहित्य की एकमात्र विधा बन गयी है।

भारतीय काव्य चिन्तन के अन्तर्गत एक महत्त्वपूर्ण प्रश्न उठाया गया है, सर्जन और सर्जक की बुनियादी समस्या का। इस विषय में हम आज भी अपने चिन्तन की गरिमा को आश्वस्त भाव से स्वीकार करते हैं। पश्चिम की कविता की व्यवस्था यांत्रिक थी। कवि और पाठक के बीच कृति ही साक्षात्कार का माध्यम थी। भारतीय कविता श्रव्य थी। श्रोता समाज, भावक, राजदरबार, 'गोष्ठियाँ तथा सुविज्ञ श्रोताओं के बीच कवि के काव्य पाठ की श्रवण जैसी व्यवस्था थी। कविता कैसे पढ़ी जाए, इसके लिए हमारे शास्त्रग्रंथों में सिद्धान्त प्रतिपादित हैं, पश्चिम में कविता अच्छे-से-अच्छे रूप में छप कर कैसे आये, इस विषय पर चिन्ता मिलती है। पश्चिम में इसीलिए कवि तथा आलोचक का रिश्ता बना, भारत में कवि-पाठक तथा सहृदय या भावक का। पश्चिम में इसीलिए व्यावहारिक समीक्षा का अधिक विकास हुआ और भारत में काव्य के सैद्धान्तिक चिन्तन का। 16वीं शती के बाद भारतीय सैद्धान्तिक चिन्तन समाप्त-सा हो गया और योरोप में आलोचना का विकास इसी सोलहवीं तथा सत्रहवीं शती में शुरू हुआ।

पश्चिमी साहित्य में आधुनिकता के दौर में अनेक काव्य चिन्तनों का विकास हुआ और बीसवीं शती में भारत में अंग्रेजी शिक्षा के सम्यक् प्रचार-प्रसार तथा विदेशी संस्कृति की सम्पर्कसूत्रता से हम भारतीयों ने इन सिद्धान्तों को समझा। यह सत्य है कि योरोप भी अट्ठारहवीं तथा उन्नीसवीं शताब्दी में भारतीय काव्य चिन्तन एवं साहित्य के सम्पर्क में आ चुका था और उस पक्ष पर प्रसिद्ध सौन्दर्यशास्त्री डॉ० आनन्द कुमार स्वामी, हिन्दी के विख्यात समीक्षक डॉ० राम विलास शर्मा, प्रसिद्ध सौन्दर्यशास्त्री प्रो० कान्तिचन्द पाण्डेय, अंग्रेजी साहित्य के विद्वान् प्रो० के० बी० श्रीवास्तव आदि-आदि विद्वानों की व्याखाएँ हमारे पास हैं किन्तु पश्चिम की आधुनिकता की चमक-दमक हम भारतीय आलोचकों को अब भी अभिभूत किये हुए है।

वर्तमान भारतीय साहित्य सृजन और उसका परिवेश पश्चिम का नहीं है, आधुनिक भारतीय है। यह परिवेश हमारा अपना प्राचीन भारतीय सांस्कृतिक बोध भी नहीं है किन्तु उसके संस्कारों में पृथक भी नहीं है। हमारे वर्तमान लेखन पर अपने अतीत एवं पाश्चात्य व्यवस्था का प्रभाव भले ही हो, किन्तु हम जो आज भारतीय परिवेश में भोग रहे हैं उसी अनुभव को साहित्य में रूपायित कर रहे हैं। ऐसी स्थिति में अपना अतीत और पश्चिम के तथाकथित प्रचलित मान्यताओं का सैद्धान्तीकरण आज की हमारी समसामयिक साहित्य की व्याख्या नहीं कर सकते। इनसे सम्बन्धित अध्ययन के सैद्धान्तिक सूत्रों की तलाश हमें आज विवश होकर वर्तमान भारतीय सन्दर्भ में करनी पड़ेगी, क्योंकि इसके अतिरिक्त और कोई विकल्प अब हमारे पास शेष नहीं है।

योगेन्द्र प्रताप सिंह

पूर्व प्रोफेसर तथा अध्यक्ष, हिन्दी विभाग
इलाहाबाद विश्वविद्यालय, इलाहाबाद

रविवार, 14 ज़नवरी, 2007
मकर संक्रान्ति

अनुक्रम

भारतीय काव्य चिन्तन की मौलिकताएँ

भारतीय एवं पाश्चात्य समीक्षाशास्त्र : तुलना

भारतीय काव्यशास्त्र कविता को भाषा का कवि द्वारा रचा हुआ ललित स्थापत्य मानकर शास्त्रीय मानकों का निर्धारण करता है। यह दृष्टिकोण उसकी शास्त्रवादी प्रवृत्ति का प्रतिफल है। कविता भले ही नितान्त वैयक्तिक तथा आत्मानुभूति से संवलित प्रक्रिया हो, किन्तु जब उसके ढाँचे या स्वरूप की चर्चा करते हैं तो उसको एक वस्तु मानना पड़ेगा। भारतीय चिन्तन की सबसे बड़ी विशेषता यही रही है कि सभी कलाओं को एक वस्तु (Object) या ढाँचा मानकर विवेचित करता है। उसकी दृष्टि में संगीत, चित्र, मूर्ति एवं स्थापत्य कलाएँ अपने में वस्तु हैं जिनके निर्माण के लिए कतिपय बुनियादी आधारभूत तत्त्व हैं, जैसे—चित्र के स्थापत्य (ढाँचे) के लिए 'रेखाएँ', संगीत के लिए स्वरारोह, स्थापत्य के लिए दिशाओं का आकलन। ठीक उसी प्रकार, 'शब्द' के ढाँचे से कविता बनती है। इस प्रकार कविता की बुनियादी मान्यता कला से सम्बद्ध है। भारतीय कविता की यह पहली विशेषता है।

पश्चिमी आलोचना में कविता की रचना या उसके सिद्धान्त के विषय में इस प्रकार की चर्चा बीसवीं शती में शुरू की गयी। नई समीक्षा जिसे 'मेटाफिज़िकल' या 'आटोलाजिकल' या 'तत्त्वमीमांसीय समीक्षा' के नाम से पुकारा जाता गया है, वहाँ कविता के स्थापत्य के लिए काव्यभाषा, टेक्श्चर, स्ट्रक्चर या भाषिक रूपवाद की चर्चा की गयी है। आई० ए० रिचर्ड्स, स्पिंगार्न, क्लीन्व ब्रुक्स आदि के काव्यभाषिक चिन्तन (काव्य के स्थापत्य के भाषिक चिन्तन) की आज के युग में विस्तारपूर्वक चर्चा की गयी। यह चर्चा भारत में पहली शती से ही मिलने लगती है।

विश्लेषण के स्तर पर भाषिक स्थापत्य तक ही यह कविता प्रक्रिया सीमित नहीं है। भारतीय कला चिन्तन के अन्तर्गत दूसरा सिद्धान्त प्रतिभा द्वारा चित्तदर्शन या चित्तासन्नता का है। भारतीय कला चिन्तन की यह दूसरी शर्त है। 'शब्द' या 'अर्थ' स्वयं में एक जड़ इकाई नहीं अपितु कवि प्रतिभा द्वारा चित्त में देखे गये एक 'कल्पनात्मक स्वप्न' की निर्माण प्रक्रिया के लिए माध्यम है। भारतीय कला में ऊपर जिन तत्त्वों की चर्चा की गयी है, उन्हें उपादान मात्र मानता है, किन्तु वे सामान्य उपादान नहीं है इनकी व्याख्या बाद में की जायेगी। भारतीय चिन्तन में काव्यसृजन की दृष्टि से सबसे महत्त्वपूर्ण तत्त्व कवि प्रतिभा है। इस प्रतिभा को कारयित्री प्रतिभा कहा गया है। कारयित्री प्रतिभा सृजन के क्षणों में या सृजनासन्न क्षणों में समाधि जैसी दशा में सृजन से जुड़े विषयवस्तु का स्वप्न देखती है। आचार्य राजशेखर ने

काव्यमीमांसा में आचार्य श्यामदेव के मत का उल्लेख किया है और बताया है कि सृजन का मूल हेतु समाधि है—समाधिगत सृजित की जाने वाली वस्तु का चित्तदर्शन है। कलाओं के सम्बन्ध में शुक्रनीति सार में कहा गया है—यह सृजन के पूर्व विषयवस्तु को कारयित्री प्रतिभा या कल्पना द्वारा देखता है। शुक्रचार्य द्वारा निर्दिष्ट 'चित्तासन्नता' सृजन का अनिवार्य तत्त्व है। योरोपीय समीक्षा सिद्धान्त में 18वीं एवं 19वीं शती में कवि की अन्तर्वर्ती अनुभूति एवं कल्पनाशीलता के तादात्म्य को सृजन का नाम देते हुए क्रियेटिव इमेजिनेशन के रूप में वर्डसवर्थ तथा कालरिज द्वारा चर्चा की गई किन्तु वह पक्ष स्पष्टतः नहीं आ सका है। जोसेफ एडीशन (सत्रहवीं-अठारहवीं शती) ने कविता के आस्वादन को कल्पना के आनन्द के नाम से पुकारा। कवि पाठक के चित्त में सृजन का जो विम्ब प्रस्तुत करता है, उससे पाठक के चित्त में देखी हुई वस्तु के विम्बादि की स्मृति से उत्पन्न आनन्द का उद्रेक होता है। यह सिद्धान्त भारतीय काव्य चिन्तन के इस सन्दर्भ से नहीं जुड़ता। यहाँ काव्यसृजन के साथ कविता और कवि प्रतिभा की चर्चा की गई किन्तु उतनी स्पष्टता से नहीं जितनी स्पष्टता से भारतीय सन्दर्भ में ईसा की प्रथम शती से लेकर ईसा की चौथी शती तक 'चित्तासन्नता तथा समाधि' दशा की चर्चा मिलती है। 'समाधि एवं चित्तासन्नता' की दशा का चित्रण वाल्मीकि रामायण एवं महाभारत दोनों में है। भारतीय काव्यशास्त्रीय चिन्तन में कला रचना के इस चित्तासन्नता के सिद्धान्त का विवेचन अभी तक पश्चिमी कला सिद्धान्त और सैद्धान्तिक समीक्षाशास्त्र में नहीं हो पाया है। कारयित्री कवि प्रतिभा द्वारा समाधि दशा में देखे गये स्वप्न की रूपाकृति ही सृजित सृजन है। विषयवस्तु के न रहते हुए भी, तादात्म्य न करते हुए भी, आँखों से न देखते हुए भी कवि की कारयित्री प्रतिभा कल्पना स्वप्न द्वारा विषयवस्तु को देखकर उसी की भाषिक प्रस्तुति करती है। यही भाषिक प्रस्तुति ही काव्यसृजन है।

भारतीय चिन्तन के अन्तर्गत तीसरा सिद्धान्त सृजित रूप का है। यह सृजित विषयवस्तु एक विशिष्ट प्रक्रिया से जुड़ी है। भारतीय चिन्तन में इस प्रक्रिया का उल्लेख ईसा पूर्व की शतियों से होता चला आ रहा है। आचार्य भरत ने अपने नाट्यशास्त्र में 'रूपक रचना' के सन्दर्भ में इसे अनुकृति, अनुकीर्तन आदि नामों से पुकारा है। ईसा पूर्व तीसरी शती में अरस्तू ने 'अनुकरण' शब्द का प्रयोग सृजन के लिए किया था जिसका परवर्ती पश्चिमी आलोचकों ने अर्थ लगाया—पुनर्सृजन या कलात्मक पुनर्निर्माण आदि। **आचार्य भरत** के 'लोकानुकीर्तन' शब्द का अर्थ अधिक स्पष्ट एवं कवि की सर्जकशक्ति के सर्वथा समीप है। इस 'लोकानुकीर्तन' को स्पष्ट करते हुए वे कहते हैं—

किं भवन्तीति भावा किं भावयन्तीति भावा।
उच्यते वागङ्ग सत्वोपेतान् काव्यर्थान् भावयन्तीतिभावा।।

कविता के भाव जो लोक में घटित हो रहे हैं, क्या वे भाव हैं, या लोक में जो घटित यथार्थ मानव जीवन द्वारा भोगे जा रहे हैं, वह भाव हैं। आचार्य भरत उत्तर देते

हैं, दोनों भाव नहीं है। किसी कविता में वाणी या चरित्र की आन्तरिक चेष्टाओं एवं उनके सात्त्विक भावों की अभिव्यक्ति से पाठक के चित्त में जो भावात्मक प्रतीति उत्पन्न होती हैं, वह भाव हैं। भाव प्रथम स्तर पर लोक में घटित होता है, इस घटित व्यापार का अनुकीर्तन द्वारा कवि सृजन करता है तथा जब उस अनुकूल भाव विशेष की अनुभूति पाठक को काव्य के अध्ययन के समय उसी रूप में होने लगती है, तो वह भाव है। दूसरे शब्दों में लोकानुभूति की अनुभूति भाव है। भरत अनुकरण की सार्थकता पुनर्सृजन तक नहीं मानते, वह पाठक के चित्त में भावन व्यापार में ही उसकी सार्थकता स्वीकार करते हैं।

भारतीय काव्यशास्त्र के अन्तर्गत कविता या नाटक के प्रमुख घटकों पर भी विचार किया गया है। कविता का प्रमुख घटक कौन है? इस प्रश्न पर आचार्य भरत के समय से ही विचार-विमर्श होता रहा है। नाटक के सन्दर्भ में उसका प्रमुख घटक सहृदय, प्रेक्षक, सामाजिक या दर्शक है, और काव्य के सन्दर्भ में वह सहृदय अर्थात् काव्य आस्वादन का भोक्ता है। भारतीय काव्यशास्त्र में इस सहृदय की शक्ति सर्जक के समानान्तर बतायी गयी है। यहाँ बताया गया है कि प्रतिभा के दो भेद हैं—प्रथम है, कारयित्री प्रतिभा और द्वितीय भावयित्री प्रतिभा। सर्जक कारयित्री प्रतिभा द्वारा कृति का सृजन करता है और सहृदय भावयित्री प्रतिभा द्वारा कृति का आस्वादन। श्रोता बनने के लिए उसी प्रकार काव्यों का निरन्तर अभ्यास एवं अनुशीलन अपेक्षित है—जैसे सर्जक के लिए। सर्जक सृजन के क्षण अपनी कल्पनात्मक प्रतिभा द्वारा चित्त में विषयवस्तु का अन्तर्दर्शन करता है और सहृदय कृति रचना के बाद अध्ययन के क्षणों में कवि के देखे गये स्वप्न का अनुभव करता है अर्थात् दूसरे का अनुभव सृजन के बाद है। पश्चिमी आलोचना में पाठक के प्रश्न पर विचार सत्रहवीं तथा अट्ठारहवीं शती में किया गया। भारतीय काव्य चिन्तन में आलोचक का प्रश्न गौण था। मूल प्रश्न, भावक या आस्वादयिता का था। कविता का स्वरूप हमारे यहाँ लेख्य नहीं पाठ्य रहा है। कविता सुनायी जाती थी और भावक गण उसका श्रवण द्वारा आस्वादन करते थे। पश्चिम में कविता लिखी जाती थी और पाठक आस्वादन के अनन्तर उसके विश्लेषण के प्रति सन्नद्ध होता था। उसकी यही सन्नद्धता उसे आलोचक बनाती थी। भारतीय काव्य परम्परा में कविता का श्रोता ही रसयिता था। कविता साहित्यिक गोष्ठियों में पढ़ी जाती थी और वह एक प्रकार से आनन्द एवं विहार से सम्बद्ध थी। इसीलिए भारतीय कविता में या आस्वादयिता या आस्वादक को काव्य प्रक्रिया का एक महत्त्वपूर्ण पक्ष माना जाता रहा है।

'काव्ये रसयिता सर्वे न बोद्धा न नियोगभाक्' कविता का आस्वादक सब कुछ है, कविता के केवल ज्ञाता या उसके औचित्य-अनौचित्य के विवेचक का विशेष महत्त्व नहीं है। पश्चिमी आलोचना सिद्धान्त में रसज्ञता आलोचक की एक विशेषता मानी गयी। वहाँ कविता का बोद्धा या नियोक्ता सर्वस्व नहीं है। इस प्रकार भारतीय कविता आस्वादक को विशेष महत्त्व प्रदान करती है।

भारतीय कविता सहृदय को सृजन का अनिवार्य तत्त्व स्वीकार करती है, इसीलिए इसमें रसास्वादन एवं रस को सर्वोपरि महत्त्व दिया गया है क्योंकि कविता के मूलमर्म का ज्ञाता आस्वादनकर्त्ता ही है।

रस के आस्वादयिता के आस्वादन काल एवं आस्वादन काल के पूर्व तथा आस्वादन काल के बाद के मनोविज्ञान या मनःदशा का सर्वाधिक विश्लेषण भारतीय काव्यशास्त्र में हुआ है। कविता पाठ्य है, उसकी मूल नियति श्रव्य या दृश्य है, उसका श्रोता तथा दर्शक सहृदय-सामाजिक कृति के मर्म का आस्वादन किस रूप में करता है, इसको आचार्य लोल्लट, शंकुक, भट्टनायक, अभिनवगुप्त आदि ने अत्यन्त विस्तारपूर्वक समझाया है। कविता श्रव्य हो या दृश्य या पाठ्य पाठक, श्रोता एवं सहृदय के पक्ष से आस्वादन उसका प्राथमिक धर्म है। कृति का सृजित रूप अपने सृजनात्मक वैशिष्ट्य की मौलिक भंगिमाओं द्वारा एक क्षण के लिए उसके पाठक के चित्त को आत्मसात् कर लेता है—यह भारतीय काव्य चिन्तन का एक महत्त्वपूर्ण पक्ष रहा है और इस पर बल दिया गया था क्योंकि काव्य से मिलने वाला सृजनात्मक आनन्द श्रोता या नाट्य के दर्शक से जुड़कर रसात्मक प्रतीति का विषय बनता है। कृति एवं सहृदय के बीच तादात्म्य को साधारणीकरण के सिद्धान्त द्वारा भारतीय काव्यशास्त्र के अन्तर्गत समझाने की चेष्टा की गयी है। पश्चिमी आलोचना में 'सम्प्रेषण' जैसे सन्दर्भ के लिए बीसवीं शती में शब्द गढ़े गये। जहाँ तक अरस्तू के विरेचन सिद्धान्त के औचित्य का प्रश्न है, उसकी स्थिति भारतीय काव्यास्वादन से सर्वथा भिन्न है। विरेचन सिद्धान्त काव्यास्वादन से जुड़ा जीवन यथार्थ का एक पक्ष है। यह सत्य है कि इसके मूल में काव्य के सम्पर्क में आने पर पाठक की तन्मयीभूतता का सिद्धान्त भी इसका एक प्रबल पक्ष है।

इस प्रकार भारतीय काव्य चिन्तन के मूल प्रश्नों—शब्द, अर्थ, सर्जक की समाधिदशा, लोकानुभूति की अनुकृति रूप भावसत्ता, सहृदय, श्रोता या दर्शक की आस्वादन दशा का विशेष विस्तारपूर्वक चित्रण है। पश्चिमी काव्य चिन्तन के अन्तर्गत अट्ठारहवीं शती के बाद इन प्रश्नों पर प्रकारान्तर रूप से चर्चाएँ की गयीं।

भारतीय एवं पाश्चात्य साहित्य विवेचन की दृष्टि में एक मौलिक अन्तर निरन्तर वर्तमान रहा है। भारतीय चिन्तन काव्य को निरपेक्ष (Absolute) काव्य के रूप में ग्रहण करता है। पश्चिम की विवेचन दृष्टि में कविता का निरपेक्ष स्थापत्य या ढाँचा उपेक्षित-सा रहा है। कविता के साथ जिन अवान्तर प्रश्नों को जोड़कर उसकी सामाजिक उपादेयता का प्रश्न पश्चिमी साहित्य में रखा गया है, वह भारतीय साहित्य की दृष्टि से साहित्य का मूल प्रश्न नहीं, अवान्तर प्रश्न है। भारतीय काव्य चिन्तन के अन्तर्गत इन्हें 'अनुष्ठान चतुष्टय' के नाम से पुकारा गया है। वे इस प्रकार हैं—

1. **काव्य हेतु**—काव्यसृजन की मौलिक प्रेरणाएँ क्या हैं?
2. **काव्य प्रयोजन**—कविता किस उद्देश्य के लिए लिखी जाए?

3. **काव्य लक्षण**—कविता की पहचान कैसे हो ताकि वह अन्य शास्त्रों से भिन्न जानी जाए?
4. **काव्य की आत्मा**—कविता में किस तत्त्व की सत्ता सर्वोपरि मानी जाए?

पश्चिमी आलोचना अधिकांशतया इन्हीं समस्याओं से जुड़ी दिखाई पड़ती है, जबकि भारतीय चिन्तन इनको कविता का मूल धर्म नहीं मानता। भारतीय चिन्तन के अनुसार कविता का मूल स्थापत्य या ढाँचा कैसे बनता है, यह एक बुनियादी तथा मूल प्रश्न है और इसकी बराबर चर्चा मिलती है। पश्चिमी आलोचना के अन्तर्गत संरचनावाद, काव्यभाषा सिद्धान्त या फिर शैली विज्ञान के अन्तर्गत बीसवीं शती में रागात्मक भाषा का प्रयोग, लय, सम्प्रेषण व्यापार, सेंस, टोन, फीलिंग, इन्टेंशन—कविता तथा छन्द का निर्धारण, प्रतीक, मिथ, विम्ब, विम्बवादी शुद्ध कविता, आब्जेक्टिव कोरिलेटिव, कालान्तराल, निर्वैयक्तिता आदि-आदि सिद्धान्तों की चर्चा करते हैं, जिन विषयों पर भारतीय काव्य चिन्तन के अन्तर्गत भारतीय कविता प्रकृति के अनुसार बारहवीं शती के पूर्व पर्याप्त रूप से विचार किया जा चुका है।

भारतीय कविता चिन्तन की दृष्टि विशुद्धतः कविता के स्थापत्य के प्रारम्भ से ही जुड़ी रही है किन्तु पश्चिम का काव्य चिन्तन इस दृष्टि से एकांगी था। भारतीय कविता चिन्तन का शीर्षतम विकास 12वीं शती तक हो चुका था और बारहवीं से लेकर 19वीं शती तक लगभग नौ सौ या एक हजार वर्षों तक हमारे चिन्तन को विदेशी प्रभावों को दबाव झेलना पड़ा, किन्तु इस दबाव के बावजूद भी आचार्य विश्वनाथ, मम्मट, पण्डितराज जगन्नाथ, अप्पय दीक्षित, केशव मिश्र, हेमचन्द्र, भक्तिरसामृतसिंधुकार आदि-आदि काव्याचार्यों ने अपनी उद्‌भावनाएँ दीं। संगीत, नृत्य, वाद्य, चित्र, स्थापत्य आदि क्षेत्रों में इस काल की भारतीय स्थापनाएँ विश्व में अपना अप्रतिम स्थान रखती हैं किन्तु काव्य चिन्तन के क्षेत्र में मौलिक उद्‌भावनाएँ नहीं आ सकीं।

पश्चिमी काव्य चिन्तन की स्थिति एकदम भिन्न रही। चौथी शती ईसा पूर्व से 'यूनानी तथा रोम' सभ्यता ने नाट्‌यकला तथा साहित्य चिन्तन की जो नींव प्लेटो अरस्तू द्वारा डाली गई थी वह आठ-नौ सौ वर्षों अर्थात् चौथी शती तक दिखाई पड़ती है। इसके बाद काव्य चिन्तन की दृष्टि से अन्धकार काल पाँचवी शताब्दी से 15वीं शती तक दिखाई पड़ता है। भारतीय चिन्तन की दृष्टि से इस कालखण्ड के भीतर सबकुछ स्थापित हो चुका था। 16वीं शती से योरोप में पुनर्जागरण शुरू हुआ और क्रमशः सत्रहवीं, अट्ठारहवीं, उन्नीसवीं तथा बीसवीं शती में आलोचना के मानकों का क्रमशः व्यवस्थित विकास हुआ। 16वीं शती से लेकर उन्नीसवीं शती तक भारतीय संस्कृति में निष्क्रियता का युग रहा है और 19वीं शती में इसका पुनर्जागरण हुआ। इसी उन्नीसवीं शती में हिन्दी कविता तथा आलोचना का श्रीगणेश हुआ। पश्चिमी एवं भारतीय काव्य चिन्तन दृष्टि में अन्तर यह रहा है कि हम भारतीयों के पास साहित्य, काव्य चिन्तन, कला, दर्शन आदि की समृद्ध परम्परा

रही है। हम भारतीयों की एक जातीय जीवन दृष्टि एवं उसके विकास का क्रम रहा है। पश्चिम ने अपनी व्यापारिक सभ्यता के परिवेश में इसे नवजागरण काल के बाद विकसित करना शुरू किया और दो सौ वर्षों के अपने उपनिवेशकाल में इसने भारत को अपनी व्यवस्था से आक्रान्त कर दिया और उसका प्रभाव हम पर आज भी है।

योरोपीय देशों में भारतीय ज्ञान विज्ञान, कविता, ज्योतिष, तंत्रशास्त्र, काव्यशास्त्र आदि को समझने, अध्ययन एवं विश्लेषण करने का अट्ठारहवीं से उन्नीसवीं शती तक जो व्यापक एवं गम्भीर मोह दिखाई पड़ता है, उसका अपना एक लम्बा इतिहास है।[1] इंग्लैण्ड, फ्रांस एवं जर्मनी में भारतीय साहित्य एवं विद्याओं का इतना अधिक प्रचार था कि अनेक पश्चिमी विद्वान इसके प्रति उन्मादग्रस्त दिखते हैं।

जैसा कि अब स्वीकार किया जाने लगा है—सर्वप्रथम जर्मनी के बोन विश्वविद्यालय में सन् 1818 में संस्कृत विभाग की स्थापना की गई और वॉन श्लेगेल को संस्कृत का प्रोफेसर नियुक्त किया गया। फ्रांस में 1814 में 'कालेज डि फ्रांस' में संस्कृति विषय की स्थापना करके उस समय के संस्कृत भाषा तथा साहित्य के प्रकाण्ड पण्डित ए० एल० चेजी को अध्यापक नियुक्त किया गया। पश्चिम का रोमांटिक आन्दोलन अपने मूल में भारतीय साहित्य एवं चिन्तन से प्रभावित है—यह मत पश्चिमी विद्वानों यथा कीथ एवं विन्टरनीत्स से सम्बद्ध है। डॉ० रामविलास शर्मा तथा इलाहाबाद विश्वविद्यालय के प्रो० के० जी० श्रीवास्तव ने विभिन्न साक्ष्यों से इस मत की पुष्टि की है।

निर्दिष्ट किया गया है कि भारतीय काव्य चिन्तक अपने व्यक्तित्व को बिना साहित्य से जोड़े पूर्णतः निरपेक्ष वस्तुतत्त्व के रूप में कविता के स्वरूप के स्थापत्य की व्याख्या करता है। पाश्चात्य विद्वानों ने भारतीय सर्जकों की इस वस्तुनिष्ठता को भलीभाँति समझा है और यथास्थान उसका विवेचन भी किया है। इस दृष्टि से भारतीय कविता का कलात्मक एवं संरचनात्मक स्वरूप निरन्तर विकसित होता रहा और अपने उत्कर्षकाल में यह कविता का एक श्रेष्ठ मानक बना। इस संरचनात्मक विकास को उसके मूल प्रवाह क्रम में कई सोपानों से गुजर कर विकसित होना पड़ा। ये सोपान संक्षेप में इस प्रकार हैं—

भारतीय काव्य रचना पद्धति के विकास का प्रथम सोपान

भारतीय चिन्तन ने कविता के स्थापत्य निर्माण के लिए सर्वप्रथम 'शब्द' की ही सत्ता को मूल में माना है। कविता स्वयं एक कला है और शब्द रचना उसके लिए मूलाधार है। **भरत** ने नाट्यशास्त्र के अन्तर्गत सोलहवें अध्याय में शब्दों की 36 विलक्षणताओं का भिन्न रूपों का उल्लेख किया है, जिनसे कविता का स्थापत्य निर्मित किया जाता है। यह प्रकरण काव्यभाषा लक्षण का है—

1. A.S. History of Indian literature, M. Winter Nitz, पृ० 8 से 21 तक।

काव्यबन्धा तु कर्त्तव्याः पट्त्रिंश लक्षणान्विता।

काव्यलक्षण के बाद कविता से जुड़े 'सौ' शब्द सिद्धान्त की चर्चा की जाने लगी। सुष्ठु शब्दों से कविता के रूप की रचना भारतीय काव्य चिन्तन की प्रारम्भिक मान्यता रही है। इसी से शब्दपरक सिद्धान्त का विकास हुआ होगा। इसके साथ काव्यशैया शब्द का उल्लेख मिलता है। शब्दों से गुम्फित करके सजाई 'शय्या' की भाँति कविता की रूप रचना जिसका उल्लेख **वाणभट्ट वासवदत्ता** के प्रारम्भिक अंशों में करते हैं—

स्फुरत् कलालापविलासकोमला करोति रागं हृदि कौतुकाधिकम्।
काव्यस्यशय्यास्वयमभ्युपागता कथा जनास्याभिनवावधूरिव।।

ये काव्यलक्षण सौ शब्द, शब्दपाक एवं 'शब्दशय्या' के मत ईसा पूर्व की शतियों से शुरू होकर 7वीं शती तक चलते रहे हैं। काव्य रचना की इस परिपाटी का उल्लेख वाल्मीकि रामायण के सुन्दर एवं युद्धकाण्डों में है। सुन्दर शब्द रचना से निर्मित कविता की यह परिपाटी लगभग छठीं शती तक चली होगी। **रुद्रदामन** के शिलालेख (दूसरी शती) में इस 'शब्द' कविता के स्थापत्य की चर्चा इस प्रकार है—

स्फुटलघुमधुर चित्रकान्त शब्दसमयोदाराऽलंकृत (कविनां प्रयुक्तं) गद्यपद्यस्व

'स्फुट शब्द, लघु शब्द, मधुर शब्द, चित्रकान्त शब्द' से कविता बनायी और सजायी जाती थी।

'शब्द' का यह सिद्धान्त बाद में 'सौ' शब्द के नाम से पुकारा गया और शब्दों से कविता की 'मधुर आकृति' का निर्माण किया जाता था। आचार्य भामह ने शब्द रचना के इस मत को 'सौशब्दवाद' के नाम से पुकारा है। यह मधुर आकृति शब्दलक्षणों, गुणों, काव्यपाकों एवं रीतियों द्वारा निर्मित की जाती थी। भारतीय काव्य चिन्तन के अन्तर्गत कविता के स्थापत्य के निर्माण की यह प्रक्रिया इस प्रकार है—

सौ शब्द > काव्यलक्षण > काव्यपाक > काव्यगुण > रीति। कविता के स्थापत्य का यह विकास चक्र आचार्य भरत के पूर्व अर्थात् ईसा की पूर्व शतियों से प्रारम्भ होकर छठीं शती तक मिलता है। सुन्दर शब्दों से कविता बनती है। आचार्य वामन इस मत के अन्तिम आचार्य हैं।

'शब्द' के इस स्थापत्य के क्रम में अर्थवादी मान्यता के विकास के साथ 'सौ' शब्दवादियों ने 'अर्थ के भौतिक स्वरूप' की ओर भी ध्यान आकर्षित कराया और 'अर्थपाक तथा अर्थगुण' का सम्बन्ध अर्थ के भौतिक स्वरूप से जोड़ा गया। रीति में इन दोनों धर्मों का समन्वय किया गया। 'रीति' शब्दगुण एवं अर्थगुण के समन्वित रूपों से निर्मित होती है। ये दोनों तत्त्व भाषा के भौतिक स्वरूप से सम्बद्ध हैं। छठीं शती में आचार्य भामह के ठीक समानान्तर रीतिवादी आचार्य दण्डिन् सम्भवतः इस शब्दवादी काव्य स्थापत्य रचना के अन्तिम आचार्य थे। यह मत भाषाध्वनि की 'नैसर्गिकता' को काव्य मानता है। इनके अनुसार स्वभावोक्ति ही कविता है।

भारतीय काव्य रचना के विकास का द्वितीय सोपान

सौ शब्द रचना के स्थान पर 'सुन्दर अर्थ रचना' का सिद्धान्त भी आचार्य भामह द्वारा निर्दिष्ट है। वाक्विलास, अर्थोक्ति, उक्ति आदि को कविता मानकर एक नया वर्ग साहित्य में प्रविष्ट हुआ था, जिसका उल्लेख आचार्य भामह करते हैं। व्याकरण दर्शन के प्राधान्य के कारण सम्भवतः अर्थमत काव्यसृजन के हेतु के रूप में सामने आया क्योंकि वैयाकरण 'शब्दों' को नित्य एवं विकार युक्त मानते हैं। कालिदास का यमक निरूपण एवं परवर्ती कवियों की प्रत्यक्ष श्लेषमयता आदि के विपरीत 'अर्थ' को कविता के केन्द्र में रखकर 'उक्ति' से सम्बद्ध मत प्रकाश में आया जिसकी ओर **आचार्य भामह** संकेत करते हैं। इस अर्थ निर्मित कविता की विशिष्टता थी—

''अलौकिक चमत्कारित्वेन हृदयमनोरमाऽर्था।''

अर्थात् ''अलौकिक चमत्कारिता से परिपूर्ण हृदय को मनोहारी लगने वाला अर्थ'' ही कविता है। ये कवि ऐसे काव्यार्थ को चमत्कार मानते हैं जो विलक्षण अर्थरचना द्वारा सम्पन्न होता हो। **आचार्य कुन्तक** इसकी ओर संकेत करते हुए इसका खण्डन करते हैं कि—

''केषांचिद् वाच्यमेव रचनावैचित्र्य चमत्कारिकाव्यम्।''

इस प्रकार सौ शब्दवादियों के अनुसार सुष्ठुभाषा रचना ही कविता है तथा अर्थवादियों के अनुसार—काव्यार्थ के शरीर का निर्माण चमत्कारपूर्ण अर्थविधान से होता है। इन दोनों के विरुद्ध आचार्य भामह ने छठीं शती में अपना मत रखा और स्पष्ट किया कि काव्य 'शब्द एवं अर्थ' का समानुपातिक सौंदर्ययुक्त सन्तुलन है। इस संवर्ग के अन्तर्गत चमत्कारसर्जक कवि सामान्यतः आलंकारिक होते हैं।

भारतीय काव्य रचना के विकास का तृतीय सोपान

इस काव्य रचना चिन्तन के उद्भावक **आचार्य भामह** हैं। उन्होंने अपने काव्यालंकार ग्रंथ के अन्तर्गत यह सिद्ध किया है कि न मात्र सौशब्द या ललित शब्दावली कविता है और न मात्र चमत्कृति संयुक्त अर्थविधान ही काव्य है। ललित शब्दावली से संयुक्त एवं सन्तुलित चमत्कृतिपूर्ण अर्थविधान का समन्वय ही कविता है। इस सन्दर्भ में उनकी प्रसिद्ध परिभाषा है—

'शब्दार्थौ सहितौ काव्यम्'

शब्दार्थ का सौहित्य (तुलाधृतमिव सन्तुलन) ही कविता है। कविता के स्थापत्य को यदि शब्द की दृष्टि से देखा जाय तो वही 'शब्द रचना' ही प्रधान प्रतीत होती है। अर्थ रचना की दृष्टि से विचार किया जाता है तो वही कविता अर्थ की विलक्षणताओं की दृष्टि से प्रधान दिखायी पड़ती है और एक साथ दोनों दृष्टियों को मिलाकर देखें तो प्रतीत होगा कि काव्य की निर्मिति दोनों के संयोग से हुई है—

तदेतदाहुः सौ शब्दं नार्थ व्युत्पत्तिरीदृशी।
शब्दामिधेयालंकार भेदादिष्टं द्वयं तु नः॥

आचार्य भामह का यह मत आठवीं शती तक स्वीकार किया गया है और आचार्य रुद्रट आदि ने थोड़े बहुत परिवर्तन के साथ इसी मत को ही स्वीकार किया है।

भारतीय काव्य रचना विधान का चतुर्थ सोपान

भारतीय काव्य चिन्तन के अन्तर्गत नवीं शती से इस दिशा में किये गये सोच को आगे बढ़ाया गया। कविता के स्थापत्य में शब्द तथा अर्थ उसके अनिवार्य उपादान हैं किन्तु कविता वहीं तक सीमित नहीं रहती। यदि शब्द या अर्थ या दोनों संयुक्त रूप से अपनी सुष्ठुता लावण्य तथा अर्थ, अपनी भंगिमापूर्ण दीप्ति द्वारा मन्तव्य आदि न व्यंजित करके शान्त हो जाएँ तो कविता का मन्तव्य पूरा नहीं होता। शब्द तथा अर्थ रचना के संयोग से काव्यसृजन में कवि के अन्तर्मन का वह मन्तव्य महत्त्वपूर्ण है जो शब्द एवं अर्थ दोनों के प्रयोगों के बाद किसी कविता या काव्य वाक्य में आकर उपस्थित हो उठता है। कविता केवल शब्दविधान या अर्थविधान या दोनों की संयुक्तता का अंकन नहीं करती वरन् कवि के मन्तव्य को अंकित करने के लिए उन्हें साधन बना लेती है। ध्वनिवादी आचार्य आनन्दवर्धन ध्वनि की परिभाषा के माध्यम से कवि के इसी मन्तव्य के सृजन या उसकी इसी मौलिकता को प्रश्न के रूप में उठाते हैं।

भारतीय कविता की संरचना का विवेचन केवल शब्दार्थ तक ही नहीं सीमित है, वरन् उसको आगे बढ़ाकर मन्तव्य को भी अपने स्थापत्य से संयुक्त करता है।

कविता को परिभाषित करने के सन्दर्भ में इसी प्रकार का मन्तव्य वक्रोक्तिकार कुन्तक का भी है। **कुन्तक** शब्दार्थ संयुक्त समस्त अलंकरण (भंगिमापूर्ण कविकथन) एवं उस अलंकरण में निहित कवि के मन्तव्य को अलंकार्य कहते हैं। 'भाषा तथा वस्तुविषय' कविता में दोनों माध्यम तथा उद्देश्य काव्य साधना के साध्य नहीं है। काव्य की समग्र संरचना को विश्लेषित किया जाय तो दोनों परस्पर अभिन्न हैं। कविता के सम्पन्न होने पर 'अलंकार तथा अलंकार्य' की परस्पर अभिन्न संयुक्तता का नाम ही कविता है—

अलंकृतिरलंकार्यमयोद्धृत्य विवेच्यते।
तदुपात्रतया तत्त्वं सालंकारस्यकाव्यता॥
अयमत्र परमार्थः सालंकारस्यालंकरण सहितस्य।
सकलस्य निरस्तावयवस्य सत काव्यता कवि कर्मत्वम्॥

अलंकार और अलंकार्य को अलग-अलग मानकर विवेचन उसकी स्पष्टता के लिए किया ज़ाता है। वास्तव में वे अभिन्न हैं और उनसे अभिन्न काव्य को अलंकार-युक्त वाक्य कहा जाता है अर्थात्, अलंकार सहित सम्पूर्ण अवयव समुदाय ही कविकर्म (व्यापार) है और कवि व्यापार होने के कारण ही काव्य है। यहाँ कविता स्थापत्य के दो रूप बन जाते हैं—काव्य का शरीर और उसकी भंगिमा। ये विश्लेषण के स्तर पर वाचक रूपी अलंकार वाच्य रूपी अलंकार्य हैं। काव्य की सम्पूर्णता के सन्दर्भ में इनका

कोई अलगाव सम्भव नहीं है। कवि के इस साम्य विश्लेषण में अलंकार एवं अलंकार्य के बीच कोई तात्त्विक भेद नहीं, कवि मन्तव्य के अनुसार ही अलंकार एवं अलंकार्य का निर्धारण किया जाता है और उनकी संयुक्तता का नाम ही कविता है।

भारतीय कविता रचना के विकास का पाँचवाँ सोपान

परम्परा के गुणवादियों का चिन्तन पाठक सापेक्ष्य है। आचार्य दण्डी इसीलिए कविता को 'पदावली' के रूप में परिभाषित करते हैं। पाठक की दृष्टि से कविता को परिभाषित करने के दृष्टिकोण का स्पष्ट सन्दर्भ अग्निपुराण से मिलने लगता है—

इष्टार्थ व्यवच्छिन्ना पदावली।
काव्यं स्फुरदलंकारं गुण-दोष विवर्जितम्॥

गुणयुक्त और दोष विवर्जित पदावली ही कविता है। इस पदावली को वाक्य के रूप में, **कविराज विश्वनाथ** (14वीं शती), परिभाषित करते हैं—

'वाक्यं रसात्मकं काव्यम्।'

रसात्मकता का सम्बन्ध पाठक से है और उसके विधान का सम्बन्ध कवि से।

यह सत्य है कि कविता का सौन्दर्यमूलक ढाँचा जिसका मूल प्रयोजन आस्वादन है, उसकी ओर अपने मन्तव्य द्वारा आनन्दवर्धक इंगित कर चुके थे फिर भी काव्य रचना की सम्पूर्ण प्रक्रिया अलंकार सर्वस्व की टीका में समुद्रबन्ध द्वारा इस प्रकार निर्दिष्ट है—

इह विशिष्टौ शब्दार्थौ काव्यम्। तयोश्च वैशिष्ट्यम् धर्ममुखेन, व्यापारमुखेन, व्यंग्यमुखेन वेति। आद्येऽप्यलङ्कार तो गुणतोवेति द्वैविध्यम्। इति पंचेषु पक्षेषु आद्यः उद्भटादिभिरङ्गीकृतः द्वितीयो वामनेन तृतीयो वक्रोक्तिजीवितकारणेन चतुर्थो भट्टनायकेन पंचमानन्दवर्धनेन।

विशिष्ट शब्दार्थ ही काव्य है। शब्द का तात्पर्य वर्ण रचना से शुद्ध होकर शब्द रचना तक जाता है। अर्थ से तात्पर्य अनुभव रूप कवि के अभिप्राय से है। शब्द तथा अर्थ का सम्मिश्रण ही सन्तुलित 'धर्ममुख' काव्य का प्रतीक है जो शब्द मुख से पृथक् हो जाता है। इसके निम्नलिखित स्वरूप हमारे सामने आते हैं—

1. धर्मरूप शब्दार्थ
2. गुणरूप शब्दार्थ
3. अलंकार रूप शब्दार्थ
4. भणितिवैचित्र्यरूप शब्दार्थ
5. भोगीकृत रसरूप शब्दार्थ

इस प्रकार संस्कृत साहित्य में कविता के ढाँचे का स्वरूप निर्धारण का सन्दर्भ क्रमशः विकसित होता रहा है। यह क्रम हमें चौदहवीं शती तक मिलता है।

भारतीय कविता का विवेचन एक अन्य प्रकार से भी किया गया है। इस विवेचन के अनुसार कवि कर्म ही काव्य है। वैसे काव्य शब्द का प्रयोग वैदिक काल से ही

होता चला आ रहा है। यास्क की निरुक्ति में 'कविता' शब्द को परिभाषित करते हुए कहा गया है कि 'कवते इति कविः' जो कविता करता है, वह कवि है अर्थात् कवि कर्म ही कविता है। यही नहीं, कवि शब्द का प्रयोग विद्वान, क्रान्तिदर्शी, त्रिकालज्ञ, अनुपम निरीक्षण शक्ति में सम्पन्न, सामर्थ्यवान् आदि अर्थों में हुआ है। कवि से सम्बद्ध एक धातु 'कवृ' भी बतायी गयी है, जिससे कवि शब्द बनता है और उसका तात्पर्य उसके कवि कर्म या काव्य रचना से है। संस्कृत काव्यशास्त्र में उसे ब्रह्म की भाँति काव्य संसार का सृष्टा कहा गया है। एक अन्य स्थान पर वह शिव के तृतीय नेत्र का धारणकर्त्ता और उससे सृष्टि के छिपे हुए रहस्यों का ज्ञाता कहा गया है। कवि शब्द में दो धातु रूप हैं—(1) कव वर्णते, (2) 'कु' क्रान्तिदर्शने।[1] कवि कर्म ही काव्य है, जब हम इस शब्द की इस अर्थ में व्याख्या करते हैं तो इसका अर्थ वर्णन, स्तुति, शब्द रचना एवं कथन आदि कविता के पयार्य हो उठते हैं अर्थात् 'कव वर्णने स्तुतौ च'।

प्रकारान्तर भाव से काव्य की शुरूआत यहीं से होती है। कविता का अर्थ है, शब्दों के द्वारा की गई, कवि की निर्मिति।

कवि अपने कर्म को काव्य रचना के रूप में कैसे परिवर्तित करता है, इसके लिए संस्कृत साहित्य में बराबर उल्लेख मिलता है। कवि कर्म सर्जक कवि की कारयित्री प्रतिभा द्वारा उसकी सर्जक नियति के स्फूर्त क्षणों की स्पन्दनाभिव्यक्ति है। वक्रोक्तिकार **कुन्तक** कवि के इस सर्जन कर्म की व्याख्या करते हुए कहते हैं कि—

कवि विवक्षितविशेषाभिधानक्षमत्वमेव वाचकत्वलक्षणणं यस्मात् प्रतिभायां तत्कालोल्लिखितेन केनचिद् परिस्पन्देन स्फुरन्तः पदार्थाः प्रकृतिप्रस्तावसमुचितेन केनचिदुत्कर्षेण वा समाच्छादित स्वभावाः सन्तो विवक्षाबिधयत्वेनाभिधेयतापदवीम् अवतरन्तः तथाविधविशेष प्रतिपादन समयेन अभिधानेन अभिधीयमानाः चेतनचमत्कारिताम् आपधन्ते।।

—***वक्रोक्तिजीवितम्***

डॉ० उमाशंकर जोशी ने वक्रोक्तिकार कुन्तक के इस अंश की व्याख्या इस प्रकार की है—

कवि के आन्तर परिस्पद (प्रेरणा) के परिणामस्वरूप वास्तविक जगत के पदार्थ उसके चित्त में भावमय अलौकिक रूप में प्रगट होते हैं और वह उस भावमय विषयवस्तु का वर्णन करने की क्षमता करके शब्द चयन करता है अर्थात् कवि के अनुभव की जागतिक विषयवस्तु अपना जागतिक स्वरूप त्याग करके कवि चित्त में भावमय बन जाती है और शाब्दिक रूप में परिवर्तित हो जाती है।

अनुभूत वस्तु के भावमय रूप के साथ शब्दिक रूप का पूर्णतः सामंजस्य होता है, इसी कारण हमें साहित्य की कृति प्राप्त होती है।[2]

---

1. वाचस्पलम्, पृ० 1831
2. धीरेन्द्र वर्मा विशेषांक : हिन्दी अनुशीलन : कविकर्म : उमाशंकर जोशी, पृ० 322

उनके अनुसार प्रकारान्तर से यही सिद्धान्त टी० एस० इलियट का 'विषयगत सम्बद्धता' (Objective co-relative) है। जिसकी उद्भावना बीसवीं शती में हुई है।

कवि कर्म के सन्दर्भ में 'सरस्वती कृपा' की, भारतीय अध्यात्ममूलक साहित्य की प्रकृति के कारण, बराबर चर्चा मिलती है। सरस्वती की कृपा के कारण प्रतिभासम्पन्न कवियों की प्रज्ञा से कविता का स्फुरण होता है। राजशेखर के अनुसार सरस्वती ने काव्यपुरुष को अपने पुत्र के रूप में उत्पन्न किया था और उसका विवाह साहित्यविद्यावधू से कराया था, साहित्यविद्यावधू अर्थात् कविता। कवि और उसकी कविता निरन्तर एक दूसरे से अभिन्न जुड़े आजीवन के सहचर हैं। सरस्वती पुत्र कवि के कर्म की नियति सरस्वती के पति विधाता जैसी है। **आचार्य मम्मट** ने काव्यप्रकाश में इस सन्दर्भ का बड़ा ही कौतुकपूर्ण उल्लेख किया है—

नियतिकृत नियमरहितां ह्लादैकथनीयनन्य परतन्त्राम्।
नवरसरुचिरां निर्मितमादधती भारतीकवेर्जयति।।

''ब्रह्मा की वृति तो क्षरणधर्मा है किन्तु सरस्वती की कृपा से उसका कवि पुत्र जो रचता है, वह अमरणधर्मा एवं सनातन है।''

गोस्वामी तुलसीदास ने रामचरितमानस में 'सरस्वती कृपा एवं राम के प्रभाव' के सम्मिलन से उत्पन्न काव्य को कालासंपृक्त या कालजयी माना है—

हृदय सिंधु मतिसीप समाना। स्वाति सारदा कहहिं सुजाना।।
जौ बरसइ बर बारि बिचारू। होहिं कवित मुकतामनि चारू।।
जुगुतिबेधि पुनि पोइअहि रामचरित बर ताग।
पहिरहि सज्जन बिमल उर सोभा अति अनुराग।।

कवि हृदय समुद्र है, इस सिंधु में नैसर्गिक रूप से उत्पन्न कवि प्रज्ञा 'सीप' की भाँति है। माँ सरस्वती स्वाति नक्षत्र हैं और कृपापूर्वक जब वर्षा करती हैं तो काव्यमोतियों (कवि की समाधि में विषयवस्तु का दर्शन) का जन्म होता है। सरस्वती स्वाति के बिना प्रज्ञामुक्ता सम्भव नहीं है और समाधि दर्शन के काव्यवस्तु को कवि रामनाम की भावना से पिरोकर काव्यमाला तैयार करता है और सहृदयजन (सज्जन) अत्यन्त अनुरागपूर्वक अपने हृदय पर उस मुक्तामाला को धारण करके निरन्तर शोभित होते रहते हैं।

सरस्वती कारयित्री प्रतिभा में काव्य रचना के लिए प्रेरित करने वाली पवित्र देवी हैं और भारतीय साहित्य में बिना उनकी प्रेरणा के काव्य सम्भव नहीं है।

राजशेखर कृत 'काव्यमीमांसा' में **इसे** जिस कथा के द्वारा समझाया गया है, उसके मूल में विलक्षण रचनात्मक **अर्थदृष्टि** का सन्दर्भ छिपा हुआ है। सरस्वती की तपस्या तथा ब्रह्मा के आशीर्वाद से सरस्वती के पुत्र कवि ने उत्पन्न होते ही माता की आराधना की—

यदेतद्वागमयं विश्वमर्थमूर्त्या विवर्त्तते।
सोऽस्मि काव्यपुमानम्ब! पादौ वन्दे तावक्कै॥

"हे माता! यह सारा वाङ्मय विश्व जिसके द्वारा अर्थरूप में परिणत हो जाता है, वह काव्य पुरुष मैं तुम्हारे चरणों की वन्दना करता हूँ।"

"यहाँ वाङ्मय विश्व का अर्थरूप में परिणत करा देना सरस्वती की कृपा का फल है।"

काव्यपुरुष प्रसंग में 'उशना' कवि का उल्लेख है। वे सरस्वती का वर्णन करते हुए कहते हैं कि वह वाणी की कामधेनु है, निरन्तर चारों ओर से कवियों द्वारा वाणी दोहन के बाद भी लगती है, यह बिना दुही हुई है, यही वाणी सृजन सरस्वती की नैसर्गिक कृपा का फल है—

या दुग्धाऽपि न दुग्धेव कविदोग्धृभिरन्वहम्।
हृदि नः सन्निधतां सा सूक्तिधेनुः सरस्वती॥

साहित्य और काव्य

भारतीय काव्यशास्त्र में कविता के लिए एक अन्य शब्द का प्रयोग मिलता है, वह है, साहित्य। इस साहित्य शब्द का सर्वप्रथम प्रयोग राजशेखर कृत 'काव्यमीमांसा' में मिलता है। अन्वीक्षिकी, त्रयी, वार्ता, दण्डनीति—ये चार विद्याएँ में हैं। इन चार विद्याओं का उल्लेख करते हुए वे साहित्य को पाँचवीं विद्या बताते हैं।

'पञ्चमी साहित्य विद्या' इति यायावरीयः। सा च चतुसृजामपि विद्यानां निष्यन्दः। अभिर्धर्मार्थौ यद्विद्यात्तविद्यानां विद्यात्वम्॥

यायावरीय राजशेखर का मत है कि साहित्य विद्या भी पाँचवीं विद्या है जो उन चारों विद्याओं का सार है। धर्म और अर्थ की प्राप्ति ही इन विद्याओं का लक्ष्य है।

राजशेखर ने यहाँ विद्याओं के सन्दर्भ में सहित्य को कला न मानकर विद्या कहा है। पश्चिमी एवं भारतीय कला की अवधारणाओं में अन्तर है। सौन्दर्यानुभूति से जुड़ी कलाएँ आनन्द की सर्जक हैं किन्तु भारत में कलाएँ सामान्य विलास से सम्बद्ध हैं। 64 कलाओं में 20 कलाएँ द्यूतक्रीडा से, 20 कलाएँ प्रणय एवं कामक्रीडा से सम्बद्ध हैं, शेष 24 कर्माश्रय कलाएँ—गीत, नृत्य, वाद्य, चित्र, लिपिज्ञान, कौशल, रत्नपरीक्षा, माल्यरचना विधि आदि जीवन विलास तथा विलक्षणाओं से सम्बद्ध हैं। बाद में चलकर, गीति, नृत्य, वाद्य, संगीत, चित्र, मूर्ति एवं स्थापत्य का धीरे-धीरे विकास हुआ और जीवनोपयोगी कलाओं की श्रेणी से इन्हें अलग रखा गया।

राजशेखर ने काव्यमीमांसा में एक कथा दी है जिसमें 'काव्यपुरुष' को सरस्वती का पुत्र कहा गया है और उसकी पत्नी 'साहित्यविद्यावधू' बतायी गयी है। 'साहित्यविद्यावधू' शिवपत्नी पार्वती द्वारा रची गई है। विदर्भ प्रदेश के विलासयुक्त वातावरण में 'काव्यपुरुष एवं साहित्यविद्यावधू' के बीच तादात्म्य होता है। दोनों गान्धर्व विवाह करके सरस्वती तथा पार्वती से कवियों के हृदय में सनातन भाव से निवास करने के

लिए आशीर्वाद प्राप्त करते हैं। काव्य एवं साहित्य क्या दोनों भिन्न-भिन्न हैं और दोनों के तादात्म्य से क्या कविता को परिपूर्णता प्राप्त होती है? यह विचारणीय प्रश्न है।

इस सन्दर्भ में प्रथम मत तो यही है कि 'शब्द तथा अर्थ' की सहितता से जो वाक्य निष्पन्न होता है, वह साहित्य है। कविता की परिभाषा 'शब्दार्थौसहितौ' से जुड़ी है। सहितौ शब्द की क्या इसी सहितता की काव्याकांक्षा को साहित्य शब्द पूरा करता है।

इस प्रश्न पर भोज अपने शृंगार प्रकाश तथा साहित्य प्रकाश शीर्षक ग्रंथ में विस्तारपूर्वक विचार करते हैं। वैसे **राजशेखर** ने इस शब्द को स्पष्ट करते हुए कहा है कि—

'शब्दार्थयोर्यथावत् सहभावेन विद्या साहित्यविद्या।'

अर्थात्, शब्द तथा अर्थ के यथावत् सहभाव को बताने वाली विद्या साहित्यविद्या कहलाती है।[1]

'शब्द तथा अर्थ' का सौहित्य केवल कविता ही नहीं है, वह समग्र वाङ्मय है। इसीलिए **आचार्य भोज** 'साहित्यप्रकाश' में इसे स्पष्ट करते हुए कहते हैं कि—

यस्मिन्नशेष विद्यास्थानार्थ विभूतयः प्रकाशन्ते।
संहत्य स साहित्यप्रकाश एतादृशो भवति॥

आचार्य भोज ने सामान्य तथा विशिष्ट शब्दार्थसौहित्य को काव्यसाहित्य माना है। वे शब्द तथा अर्थ के बीच **12** प्रकार के सम्बन्ध मानते हैं। **आठ** भाषा व्यापार से सम्बद्ध हैं—अभिधा, विवक्षा, तात्पर्य, प्रविभाग, व्ययदेश, सामर्थ्य, अन्वय, एकाकीभाव। इनके अतिरिक्त **चार** विशिष्ट हैं, वे काव्य के शब्दार्थ सम्बन्ध हैं—दोषाहान, गुणोपादान, अलंकारयोग तथा रस की संयुक्तता।

आचार्य भोज इस प्रकार साहित्य शब्द से तात्पर्य समग्र वाङ्मय की भाषिक रचना से लेते हैं और काव्य की भाषिक संरचना के धर्मों को यहाँ विशिष्ट बताते हैं।

आचार्य कुन्तक के मत को ध्यान में रखकर साहित्य शब्द का विश्लेषण किया जाए तो वह स्पष्ट रूप से काव्य का वाचक बन जाता है और वक्रोक्तिकार ने इसी अर्थ में इसका प्रयोग भी किया है। उनके अनुसार काव्य की सम्पूर्णता अलंकृति एवं अलंकार्य से बनती है। 'अलंकृति एवं अलंकार' के सौहित्य का नाम ही साहित्य है। वे इसे स्पष्ट करते हुए कहते हैं कि—

'सहितौ सहितभावेन साहित्येन अवस्थितौ' ननुच वाच्यवाचक-सम्बन्धस्य विद्यमानत्वात् एतयो न कथंचिदपि साहित्यविरहः सत्यमेतत्।

वे एक अन्य स्थल पर पुनः इसे स्पष्ट करते हुए कहते हैं कि शब्द तथा अर्थ के परस्पर प्रतिस्पर्धा भाव से एक दूसरे को विभूषित करने से उत्पन्न रमणीय विलास ही साहित्य है। रमणीक शब्द तथा अर्थ की स्पर्धा ही परस्पर शब्द के वाचक एवं अर्थ

1. काव्यमीमांसा—राजशेखर, पृ० 12, द्वितीय अध्याय, शास्त्र निर्देश।

के वाच्य होने की स्थिति बनती है। इस तरह उनकी वाच्य-वाचक (अलंकार-अलंकार्य) भाव से संयुक्त सहितता ही साहित्य है—

तत्र वाचकस्य वाचकान्तरेण वाच्यस्य वाच्यान्तरेण साहित्यमभिप्रेतम्।

इस प्रकार, वर्ण, पद, शब्द, वाचक शब्द बनकर वाच्य वर्ण, पद, शब्द, अभिप्राय से सर्वथा संयुक्त साहित्य के रूप में काव्य स्थापत्य के अभिन्न तत्त्व बन जाते हैं।

आचार्य कुन्तक शब्द तथा अर्थ के सौहित्य का एक व्यापक विस्तार वाचक एवं वाच्य के रूप में इंगित करके कविता के 'अक्षरणीय स्वरूप' का निर्माण करते हैं। उनके अनुसार वाच्य एवं वाचक की स्पर्धा रीति, माधुर्यादि गुण, अलंकरण, वृत्ति आदि सभी तत्त्वों में वर्तमान रहती है। इसी स्पर्धा के फलस्वरूप कविता का सौन्दर्यमयी स्थापत्य निर्मित होता है—

मार्गानुगुण्य सुभगः माधुर्यादि गुणोदयः।
अलंकरण विन्यासः वक्रतातिशयनन्वितः॥
वृत्यौचित्य मनोहरि रसनां परिपोषणम्।
स्पर्धया विद्यते यत्र यथास्वमुभयोरपि॥
सा काव्यवस्थितिः तद्विदानन्दस्पन्दसुन्दरा।
पदादिवाक् परिस्पन्द सारः साहित्यमुच्यते॥

उक्ति और कविता

कविता एक उक्ति है, अर्थात् काव्योक्ति और कविता दोनों प्रायः समानान्तर अर्थ का बोध कराते हैं। **आचार्य भोज** ने इसे स्पष्ट करते हुए बताया है कि—

तेषु उक्तिप्रधानं काव्यम् शब्दप्रधानं शास्त्रं अर्थप्रधानं इतिहासं।[1]

भारतीय सन्दर्भ में काव्य की विवेचना का यह भी एक महत्त्वपूर्ण पक्ष है। **राजशेखर** ने काव्यमीमांसा के अन्तर्गत काव्य पाक का विवेचन करते हुए आठ प्रकार के कवियों का उल्लेख किया है—

काव्यकविः पुनरष्टधा तद्यथा—रचनाकविः शब्दकविः अर्थकविः अलंकारकविः उक्तिकविः मार्गकविः शास्त्रार्थकविः।

इन आठ कवियों में रचना कवि, शब्द कवि, उक्ति कवि तथा मार्ग कवि शब्दोक्ति को महत्त्व देते हैं। शब्दोक्ति का आधार वाचक का चमत्कार है जो वाच्य उक्ति के शब्दार्थ सौष्ठव द्वारा स्वभावोक्ति की स्थापना करता है।

उक्ति से सम्बद्ध कविता का इतिहास नितान्त प्राचीन है। **आचार्य दण्डी** सम्पूर्ण काव्य रचना के आधार पर उक्ति को दो भागों में विभक्त करते हैं—

श्लेषः सर्वासु पुष्णाति प्रायो वक्रोक्तिषु श्रियम्।
भिन्नं द्विधा स्वभावोक्तिर्वक्रोक्तिश्चेति वाङ्मयम्॥

1. शृंगार प्रकाश—डॉ० वी० राघवन्, पृ० 108

अर्थात्, स्वभावोक्ति एवं वक्रोक्ति काव्य की दो विधायें हैं। सामान्य रूप से आचार्य भामह एवं दण्डी के बीच मतभेद से ये दोनों काव्योक्तियाँ प्रभावित हैं। अलंकार सिद्धान्त का सम्बन्ध वक्रोक्ति से है और इसके समर्थक **आचार्य भामह** हैं। वे बराबर वक्रोक्ति का समर्थन करते हैं। वे काव्य की समग्रता को वक्रोक्ति विधान से जोड़ते हैं—

सैषा सर्वैववक्रोक्तिरनयार्थो विभाष्यते।
यत्नोऽयस्यां कविना कार्यः कोऽलंकारोऽनया बिना।।

उनके अनुसार काव्यवाणी का उत्कर्षविधान वक्रोक्ति के बिना सम्भव नहीं है। वे दण्डी के उस मत का विरोध करते हैं जिनके अनुसार सामान्य स्वभावोक्ति के रूप में कविता को स्वीकार किया गया है।

दूसरी ओर स्वभावोक्ति समर्थक दण्डी आदि भंगिमापूर्ण कथन को नैसर्गिक सौन्दर्य कहकर प्राथमिकता देते हैं। उनके अनुसार वस्तु के रूप, गुण, क्रिया, तथा स्वभाव का नैसर्गिक वर्णन काव्य रचना के मूलाधार हैं। अन्यथा वक्रता के प्रवेश कर जाने से पाठक के चित्त को वस्तु प्रतीति की बाधा होती है। वे स्वभावोक्ति का स्थापना करते हुए कहते हैं कि—

नानावस्यां पदार्थानां रूपं साक्षाद्विवृण्वती
स्वभावोक्तिश्च जातिश्चेति आद्या साऽलंकृतिर्यथा।
जातिक्रियाद्रव्य गुणस्वभावाख्यान्मीदृशी।
शास्त्रेषु अस्यैव सामाज्यं काव्येषु अपि एतदीक्षितम्।।

इनके अनुसार काव्यवस्तु की वास्तविक प्रतीति तथा पाठक के चित्त में वस्तुबोध का सहज तादात्म्य कविता की प्रारम्भिक ही नहीं मूल आवश्यकता है। प्रायः देखा जाता है कि उक्ति की वक्रतापूर्ण अतिरंजना के कारण वर्ण्यवस्तु की प्रतीति के लिए चित्त को परिश्रम करना पड़ता है। इस विडम्बना के कारण काव्य की वस्तु प्रतीति में विघ्न भी पड़ सकता है, अतः स्वभावोक्ति को केन्द्र में रखकर उक्ति रचना की जानी चाहिए।

आचार्य भामह इस मन्तव्य का खण्डन करते हैं। उनका इस सन्दर्भ में बड़ा ही प्रसिद्ध वाक्य है—"समृद्धिपूर्ण गुण सम्पृक्त वर्णन से काव्य वाणी में भव्यता नहीं आती।" ये वर्णन में वस्तुस्थिति की सूचना मात्र देते हैं। वे इसका उदाहरण देते हुए कहते हैं—

"सुन्दर मरकत और पद्मराग से चित्रित फल-पल्लव सम्पन्न अनेक मनोहर वृक्षों से संयुक्त पुष्पों से विभूषित तथा देवमुनि सिद्ध सेवित सुमेरू पृष्ठ पर वह (शुक) रहता था।"

उनके अनुसार यह वाक्य फल, पुष्प, वृक्ष की शोभा की सूचना भले ही देते हों किन्तु इसके अर्थ में कोई चारुता नहीं है।

वक्रोक्ति का दायित्व है, काव्य वाक्य में चारुता, चमत्कृति, चित्त में चमत्कृति भरे हर्ष की अनुभूति का भाषिक वातावरण निर्मित करना। उनके अनुसार यह चमत्कृति अतिशयता (वक्रता) है, स्वभावोक्ति से यह अतिशयता नहीं आती।

आगे चलकर, 'उक्तिविधान' के अन्तर्गत **भोज** ने शृंगार प्रकाश में रसोक्ति की चर्चा की। वे इस सन्दर्भ में बताते हैं कि—

तत्र उपपमाद्यऽलङ्कार प्राधान्ये वक्रोक्तिः, सोऽपि गुणप्राधान्ये स्वभावोक्ति, विभावानुभावाव्यभिचारि निष्पत्तौ रसोक्तिः।

वक्रोक्तिश्च रसोक्तिश्च स्वभावोक्तिश्च वाङ्मयम्।
सर्वासु ग्राहिणी तासु रसोक्ति प्रतिजानते॥

आचार्य भोज विभावानुभाव संचारी के संयोग से पाठक के चित्त में आस्वादन की प्रतीति कराने वाले काव्य वाक्य को रसोक्ति मानते हैं। रसोक्ति सामान्य तथ्यमूलक वर्णन से नहीं उत्पन्न होती, वह तो वाक्य दोष है, जैसे—

'कन्ये कामायमानं मां न त्वं कामयसे कथम्।'

यह वाक्य रसोक्ति नहीं ग्राम्यत्व एवं अश्लीलत्व दोष है—'कन्या' कहकर ग्रामीण ठेंठ पदावली में कामवासना की बात करना ग्राम्यत्व दोष है। **आचार्य भोज** के अनुसार यदि यह मन्तव्य इस प्रकार बदल दिया जाय तो वाक्य काव्योक्तिसम्पन्न-रसवाही बनकर 'रसोक्ति' हो उठेगा—

काम कंदर्प चण्डालो मयि वामाक्षि निर्दयः।
त्वयि निर्मत्सरो दृष्टिः चेत्यग्राम्यार्थो रसावहः॥

फिर वे रसोक्ति को स्पष्ट करते हुए कहते हैं—

नवोऽर्थो सुक्तिरग्राम्या श्राव्योबन्धः स्फुटाश्रुतिः।
अलौकिकार्था युक्तिश्च रसमाहर्तुभीशते॥[1]

रचनाकार उक्ति के सन्दर्भ से काव्य रचना परिपाटी की प्रतीति की समस्या जुड़ी है। उनके अनुसार जहाँ सृजन में शुष्क की प्रधानता होगी वहाँ शास्त्र धर्म होगा, जहाँ अर्थ की प्रधानता होगी, वहाँ वह इतिहास से जुड़ा लेखन होगा रसयुक्त सृजन ही काव्य है। रसयुक्त काव्यभाषा को समझाते हुए वे कहते हैं कि—

नव्य अर्थमयी रचना हो, कथ्य में ठेठपन न हो, सुनते ही कानों के लिए वह सुखद स्वर रचना प्रीतिकर हो, उक्ति एवं अर्थ रचना का समन्वयन दिव्यता से सम्पन्न हो, ऐसी ही उक्ति रसोक्ति से परिपूर्ण कविता है।

इन काव्योक्तिविधानों के पीछे काव्यसृजन का कौन-सा मन्तव्य निहित है, संक्षेप में, इस पर विचार कर लेना अपेक्षित होगा।

---

1. शृंगार प्रकाश-V-4-7

भारतीय कविता का विश्लेषण

भारतीय चिन्तन में हजारों वर्षों से चले आ रहे काव्यरचना विधान के सन्दर्भ में निहित मन्तव्यों का विश्लेषण अपेक्षित प्रतीत होता है। प्रारम्भिक स्तर पर हमारे यहाँ 'शब्द' को ही काव्य माना गया है। शब्द को काव्य मानने का पक्ष यह है कि कविता शब्दों द्वारा ही सजाई जाती है। शब्दवाद की पहली शर्त यह है कि किसी कविता विन्यास में एक वर्ण से लेकर सम्पूर्ण वाक्य शब्दों की विविध इकाइयों की युतियाँ (Units) हैं। कवि वाक्य रचना नहीं करता। बाहर से लगता है कि वाक्य में कविता लिखी हुई है किन्तु कवि के लिए यह एक गौण तत्त्व है। वह शब्द की ही रचना करता है और वाक्य की अपेक्षित तथा अभीप्सित संगतिक्रम में वह शब्दों को सजाता है। वह संज्ञा के स्थान पर संज्ञा, परसर्ग के स्थान पर परसर्ग, कर्म के स्थान पर कर्म, क्रिया के स्थान पर क्रियामूलक शब्दों को गढ़कर रखता जाता है। उसकी इकाई इस प्रकार पूरी होकर वाक्य बन जाती है। व्याकरणिक संगति इसलिए आवश्यक है क्योंकि वह लोक व्यवहार की सत्ता है, वह व्याकरण का पूरी तरह से काव्यरचना के मन्तव्यों के लिए इस्तेमाल करता है। कवि संज्ञा, सर्वनाम, क्रिया, विशेषण, अव्यय, परसर्ग, प्रत्यय, कृदन्त आदि की इकाइयों से वाक्यों को सजाता है। वक्रोक्तिकार कुन्तक एवं ध्वनिवादी आचार्य आनन्दवर्धन अपने सिद्धान्तों के विश्लेषण में वर्ण से सम्पूर्ण व्याकरणिक पद रचनाओं की सार्थक संगतियों से कविता की सामर्थ्य का विश्लेषण करते हैं।

अतः इस दृष्टि से कविता शब्दों की योजना का एक विशिष्ट कलात्मक विनियोजन है, जो प्रतिक्षण कवि के मन्तव्य को इंगित करने के लिए तत्पर रहता है।

शब्दवादियों ने आगे चलकर शब्द को सौ शब्द में बदल दिया। सौ शब्द कविता इसलिए है क्योंकि लोकानुभूति की प्रतीति का सहजतम आधार है। वक्रतापूर्ण अर्थविधान या रसोक्ति से जुड़े लाक्षणिक वाक्य कवि के प्रातितिक सत्य को विशृंखिल कर सकते हैं किन्तु सौ शब्द द्वारा प्रतीत करायी गयी विषयवस्तु वर्णनकाल के साथ-ही-साथ पाठक के चित्त में उतरती चलती है।

वस्तु के रूप, गुण, स्वभाव, क्रिया, जाति की अनेकानेक अवस्थाओं का बोध सौ शब्दों द्वारा ही सम्भव है और इसके लिए 'गुण' अर्थात् भाषा के नौसर्गिक स्वभाव की सत्ता अनिवार्य है। बिना किसी आलंकारिक वक्रता को आधार बनाये वस्तु के गुण, स्वभावादि का बोध कराना इन शब्दों का दायित्व है। कविता की अनिवार्यता वस्तु की सहज प्रतीति है और भाषा की गुणात्मक सहजता इस प्रतीति के लिए आधार है।

'सौ' शब्द का तीसरा विकास आचार्य भोज के चिन्तन से जुड़ा है। वे 'सौ' शब्द के स्थान पर 'रसमय शब्द' की चर्चा करते हैं। वे कहते हैं कि जहाँ शब्द की प्रधानता होगी वहाँ शास्त्र का निर्माण होगा, जहाँ अर्थ की प्रधानता होगी वहाँ लेखन इतिहास बन जाएगा और जहाँ रसात्मक शब्द होगा, वहाँ कविता होगी। इस प्रकार

शब्द और कविता की अपरिहार्यता का एक चिन्तन हमें भारतीय काव्यशास्त्र के अन्तर्गत दिखायी पड़ता है। इस चिन्तन के अनुसार, **सौ शब्द या रसात्मक शब्द रचना ही काव्य है।**

परवर्ती काल में जब कविता को वाक्य, पदावली या उक्ति के रूप में स्वीकार किया गया तब भी शब्द को कविता का प्रथम विशेषण माना गया। पण्डितराज जगन्नाथ के अनुसार 'शब्द' कविता है किन्तु उसका धर्म रमणीयार्थ प्रतिपादन है। रमणीयार्थ का अनुभव रसास्वादन ही है। अतः पाठक के चित्त को आस्वादन भूमिका तक निक्षिप्त करने वाली शब्द रचना ही काव्य है।

भारतीय काव्य चिन्तन के दूसरे विकास क्रम में 'अर्थ' को कविता माना गया। प्रारम्भ में अर्थ का सन्दर्भ लोकानुभूति से जुड़ा दिखाई पड़ता है किन्तु अर्थ का विश्लेषण कुछ कालों बाद वक्रता से सम्बद्ध हो उठा। शब्द कविता की मूल समस्या प्रतीतिक वस्तुप्रतीति से उत्पन्न सृजित वस्तु जगत की प्रतीतिक सत्यता से सम्बद्ध सृजन की सहज आनन्दानुभूति थी। अर्थविधान और वक्रतापूर्ण अर्थविधान से रची हुई कविता पहले चमत्कृति उत्पन्न करती है फिर सर्जनात्मक आनन्द देती है। भारतीय कविता में चमत्कार विधान की परम्परा का श्रीगणेश अर्थवाद से हुआ। इस अर्थवाद के 'श्लेष तथा यमक' बन्ध में लिखी गयी बुद्धिकौशल को इंगित करने वाली काव्यरचना की संख्या बढ़ी। आचार्य भरत के दो अलंकार—यमक तथा दीपक का सन्दर्भ इसी विधान से जुड़ा है। यदि इस सन्दर्भ में कविता को परिभाषित की जाय तो वह **'अर्थविन्यास वक्रता से संयुक्त कवि की भाषिक प्रस्तुति ही कविता है।** सुबन्धु, वाणभट्ट आदि की रचनाएँ इसी से सम्बद्ध है। कालिदास ने भी 'रघुवंशम्' के नवम सर्ग को अर्थवक्रता से जोड़ा है। यदि काव्य भी इसी परम्परा से जुड़ता है, काव्यकौशल को अर्थरचना से जोड़कर काव्यसृजन ही इस काव्य परम्परा का मन्तव्य बनता है।

तीसरी परम्परा 'शब्दार्थसौहित्य' (सहितता) की आती है और आचार्य भामह इसके प्रमुख उद्भावक आचार्यों में से एक हैं। यहाँ शब्द एवं अर्थ के सन्तुलन पर विशेष बल दिया गया है।

कविता का एक पक्ष सृजन का भी है और कवि की सर्जक बुद्धि अपनी रुचि, परम्परा, प्रचलन, आवश्यकता के अनुसार रचकर प्रस्तुत की जाने वाली वस्तु में परिवर्तन करती चलती है। काव्यसृजन के वस्तुरूप में इसीलिए हमें अनेक परिवर्तन दिखायी पड़ते हैं। आचार्य भामह ने अपने ढंग से विचार करते हुए सौ शब्द रूप गुणात्मक वृत्ति वाली काव्यवृत्ति या चमत्कार सर्जक अर्थवृत्ति को अस्वीकार करते हुए बताया कि न शब्दमात्र कविता है और न अर्थमात्र। शब्दार्थ की सहितता ही काव्य का आधार है। शब्द तथा अर्थ संपृक्ति आज 'भाषा और अनुभूति' के सम्पृक्ति के रूप में देखा जाता है। आचार्य भामह ने दोनों के बीच में अन्योन्याश्रित अभिन्नता का सम्बन्ध रखते हुए बताया है कि सर्जक भाषा के ही माध्यम से कहना चाहता है किन्तु जिसे कहना चाहता

वह भी मन्तव्य के रूप में गढ़ा हुआ कवि प्रतिभा से उद्भूत तत्त्व है और उनसे वे शब्द मुक्त तथा भिन्न कैसे हो सकते हैं, जो उस अभिप्राय विशेष को गढ़ रहे हैं। शब्द के द्वारा सृजित अभिप्राय और उस अभिप्राय के लिए गढ़ी गयी भाषा एक दूसरे से भिन्न कैसे हैं, इसीलिए उन्होंने कहा कि शब्दार्थ की सहितता ही काव्य है।

शब्दार्थवादी भामह के समर्थकों या कविता के इस पक्ष को स्वीकार करने वाले आचार्यों ने इस शब्दार्थ में निहित सहितता की स्पष्टता के लिए अनेक विशेषण दिये हैं। किसी ने 'विशिष्ट शब्दार्थ', किसी ने गुणालंकारयुक्त संस्कारित शब्दार्थ, भंगिमा या व्यंग्ययुक्त शब्दार्थ, सहृदयहृदयाह्लादि शब्दार्थ, वक्रतासहित शब्दार्थ, दोषरहित गुणयुक्त अनलंकृत होते हुए भी कुछ अन्य तत्त्वों से संयुक्त शब्दार्थ, दोषवर्जित गुणालंकार सहित शब्दार्थ, अलंकार युक्त शब्दार्थ, शब्दार्थ की सहितता से संयुक्त साहित्य रूप काव्य आदि-आदि कहा है।

इसी के समानान्तर 'वाक्य' या पदावली के समर्थक कविता को परिभाषित करते हुए इष्टार्थ को व्यंजित करने वाली गुणयुक्त, दोषवर्जित स्फुट रूप से अलंकार युक्त पदावली, रसात्मक वाक्य, रमणीयार्थ प्रतिपादक शब्द, रसयुक्त वाक्य जो विशेष रूप से सुखद हो, रसास्वादनदायी पद सन्दर्भ आदि को कविता कहते हैं। पदावली के सन्दर्भ में रस का आग्रह प्रमुखता के साथ दिखाई पड़ता है।

इन दोनों वर्गों के द्वारा दो प्रकार के काव्यात्मक मन्तव्य स्पष्ट होकर हमारे सामने आते हैं। शब्दार्थवादी मन्तव्य के अनुसार कविता को इस प्रकार परिभाषित किया जा सकता है।

यदि इन चारों परिभाषाओं को एक साथ रखें तो भारतीय कविता का स्वरूप और भी स्पष्ट होगा—

1. **शब्दवाद** के अनुसार कविता की परिभाषा इस प्रकार बनती है—**''सुन्दर शब्दों या रसात्मक शब्दों से संयुक्त पद रचना ही कविता है।''**
2. **अर्थवाद** के अनुसार कविता की परिभाषा इस प्रकार है—**''अर्थविन्यास-वक्रता से संयुक्त पाठक के चित्त में चमत्कृति उत्पन्न करने वाली भाषिक प्रस्तुति ही कविता है।''**
3. **शब्दार्थविन्यास** से संयुक्त कविता की परिभाषा इस प्रकार बनती है—**''शब्द एवं अर्थ की सम्पृक्त सहितता को बिना खण्डित किये गुण, अलंकार आदि से संयुक्त करके भाषा का सृजित किया जाना ताकि वह पाठक के हृदय को आनन्दित कर सके, कविता है।''**
4. **कवि द्वारा सृजित गुणयुक्त रमणीक सुन्दर रसात्मक, हृदयावर्जक वाक्य या पदावली काव्य है—जो अन्ततया सम्पर्क में आने वाले पाठक के चित्त को आह्लादित करने की सामर्थ्य से युक्त हो।**

कविता अन्ततया भाषिक सृजन है, इस सृजन का सम्बन्ध कवि से है इस सृजन की प्रस्तुति से पाठक का चित्त जुड़कर आनन्द की प्राप्ति करता है। **कविता भाषा,**

सर्जक एवं पाठक के बीच अपने होने या बनने का एहसास कराने वाली कवि की रचनात्मक सर्जना है। कविता की इतनी साफ और सुथरी परिभाषा पश्चिमी आलोचना में नहीं मिलेगी क्योंकि भारतीय कविता पाठक द्वारा सुनी (श्रुत) एवं कवि द्वारा सुनायी जाने वाली (पाठ्य या अज्ञेय के शब्दों में पठ्य) संरचना है। पाठक का चित्त इस संरचना के सम्पर्क में आकर आस्वादित तथा आनन्दित होता है। पश्चिमी कविता सामान्यतया कवि द्वारा लिखित या लिपिबद्ध या पुस्तक के रूप में छपी एवं पाठक द्वारा पढ़ी जाने वाली कविता है। कवि द्वारा पाठ्य एवं राजदरबार, गोष्ठी, सहृदयजनों द्वारा श्रुत इस कविता में चित्त को चमत्कृत करने वाली शक्ति की प्राथमिकता अपेक्षित थी। भारतीय कविता की जो परिभाषाएँ दी गई हैं, उनमें मूल मन्तव्य पाठक द्वारा उसके सुने जाने तथा प्रभावित होने की प्राथमिकता का संदर्भ निहित है। कविता पढ़ी जाती है और पाठक उसके मन्तव्य को समझकर उसके अर्थ एवं चमत्कारबोध के साक्षात्कार की प्रक्रिया के बाद आस्वादन एवं श्रवण से आनन्दित, अर्थबोध से चमत्कृत पहले होता है, मूल्यबोध की स्थिति सहज अवधारणामूलक है। उसे '**कान्तासम्मिततयोपदेश**' जैसा कहा गया है किन्तु पश्चिमी कविता में मूल्यबोध उसके पढ़े जाने के साथ-साथ जुड़ा हुआ है। भारतीय कविता की यह स्थिति सम्पूर्ण हिन्दी रीतिकाल या रीतिकाल के उत्तरार्द्ध (संवत् 1900) तक दिखायी पड़ती है। कविता छपकर पाठक के सामने आने पर वह चिन्तन का विषय बन गयी और उसकी मूल्यगत अवधारणाएँ आगे आ गयीं—छपे पाठ को बार-बार पढ़ना पाठक के अन्तर्मन में चिन्तन का विकल्प उठाने के लिए विवशता उत्पन्न करने लगी। श्रुत कविता बार-बार नहीं पढ़ी जाती थी। एकाध-दो बार सुनने के बाद पाठक और श्रोता का सम्बन्ध-विच्छेद उसमें जटिलता का कारण बन जाता था। इस प्रश्न पर आधुनिक **कवि अज्ञेय** ने बहुत विस्तार से चर्चा की है और उनके कई निष्कर्ष महत्त्वपूर्ण हैं—

"छपाई के आविर्भाव से काव्य के स्वभाव और प्रकार में परिवर्तन के इस सैद्धान्तिक विवेचन की हर कड़ी का उदाहरण विभिन्न भारतीय साहित्यों की पिछली डेढ़ सौ वर्षों की गतिविधि से दिया जा सकता है। प्रत्येक देशभाषा में इस काव्य में वे परिवर्तन देखे गये, जिनसे इस विवेचना से सम्भावना की जाती। प्रत्येक में कविता इसी प्रकार केवल—**वाचन की स्थिति में आविर्भूत होने वाली सत्ता एक सत्ता न रहकर एक वस्तु सत्ता बन गयी।**[1]

यहाँ अज्ञेय जी भी यही इंगित करना चाहते हैं कि वाचन कविता की सत्ता केवल काव्य के पढ़े जाने से जुड़े कालखण्ड तक है और श्रोता एक उस क्षण तक उसकी सत्ता का आभास पाता है, जिस क्षण तक वह श्रवण एवं पाठक के चित्तदर्शन का विषय है। इसके विपरीत छपी हुई कविता एक स्थायीवस्तु के रूप में अपने सभी पक्षों के साथ निरन्तर अविरल भाव से स्थित वाचक के चित्त से टकराती और अपने

1. सर्जना और संदर्भ—कविता श्रव्य से पठ्य तक—पृ० 217

पर्त-दर-पर्त सन्दर्भों को उधेड़ती चली जाती है। भारतीय कविता में बल इसीलिए उस तत्त्व को ज्यादा मिला है जो श्रवण काल में श्रोता के चित्त को अभिभूत कर लें लेकिन कहीं-न-कहीं सन्दर्भ, सामाजिक, अर्थानुभव एवं मूल्यबोध तो वहाँ है, ही।

भारतीय कविता में सृजनपरक वैविध्यों का भण्डार मिलेगा और वह सब सोद्देश्य गढ़ा हुआ, कौतूहल, आनन्द, मनोरंजन, चमत्कृति एवं अन्तश्चमत्कार के लिए है। विश्व भर में शायद इतना काव्यसृजन वैविध्य न प्राप्त हो **राजशेखर** आठ सृजनात्मक विधाओं में काव्य रचना करने वाले कवियों का उल्लेख करते हैं—

रचना कवि	अलंकार कवि
शब्दकवि	उक्तिकवि
मार्गकवि	अर्थकवि
गुणकवि	शास्त्रकवि

इसके अन्तर्गत शब्दमार्ग, रचनावादी, मार्गवादी, गुणवादी, कवियों की एक-एक श्रेणी है और अलंकार, उक्ति, अर्थ एवं शास्त्रकवियों की दूसरी श्रेणी है। भारतीय चिन्तन में प्रचलित विद्याओं, उपविद्यओं, शास्त्र, पुराण, इतिहासादि सन्दर्भों, 64 कलाओं आदि का समाहार काव्य में अनिवार्यतः रहा है। भारतीय महाकवियों पर बड़ा ही भार रहा है। ऐसी कोई विद्या नहीं, शास्त्र नहीं, लोकानुभूति का विषय नहीं, प्रचलन एवं सामाजिक व्यवस्था नहीं जिसे कविता में न आदर दिया गया हो। सब कुछ कविता के लिए समर्पित था और कवि भी वर्णन विषय या सृजन सन्दर्भ में सभी का उपयोग करने के लिए प्रतिश्रुत था। इसका प्रमाण कवि की रचना या उसका श्रोता था। पाण्डुलियाँ भोजपत्र एवं मांडपत्रों पर लिखी जाती थीं, उनका लेखन व्यवसाय से जुड़ा था और उनकी संख्या सीमित थी। रामाश्रय, गुरुकुल एवं विद्यापीठ में शास्त्रागार एवं भण्डारण संग्रह थे। हस्तलिखित पोथियाँ विषयानुसार एवं कालक्रमानुसार यहाँ रखी जाती थीं। इनका सम्बन्ध सामान्य पाठक से नहीं था। उस समय कृतियाँ सर्वसुलभ भी नहीं थी किन्तु आज प्रकाशित पुस्तकें सुलभ नहीं है। आज पुस्तक क्रय के सन्दर्भ में उत्तर प्रदेश एवं बिहार दोनों सर्वाधिक पिछड़े हैं, सर्वोपरि बंगाल तथा केरल हैं। फिर भी, पाठक स्थायी पाठक अधिक है और यह पाठक भारतीय काव्य रचना के डेढ़ सौ वर्षों पूर्व से लेकर हजारों वर्षों के अन्तराल के पाठक हैं, जिनका स्वभाव काव्यस्वादन था। आज का अर्थात् डेढ़ सौ वर्षों के बाद की छपाई कला और पुस्तकों की बाजारों में सस्ती दरों पर उपलब्धता ने एक नया पाठक पैदा किया, जिसे हम **आलोचक** कहते हैं। पाठक एवं आलोचक दोनों थोड़ी समानताओं के बाद भिन्न पथगामी हो चुके हैं। भारतीय सन्दर्भ में वह काव्य के अध्ययन, अनुशीलन, अभ्यास एवं श्रवण मात्र से आस्वादन-सक्षमता से समर्थ कृति का आनन्द ले सकने में समर्थ व्यक्ति है।

आज आलोचक इस भारतीय पद्धति से भिन्न है। वह जो काव्यसृजन के संरचनात्मक मानदण्डों के प्रति प्रज्ञावान, कृतित्व के अन्तवर्ती मूल्यों, कवि के

मन्तव्यों एवं निश्चयों का अन्तर्द्रष्टा, साहित्य की सजृनात्मक परम्परा एवं प्रणालियों के कर्मों का विशेषज्ञ तथा समाजबोध एवं साहित्यसृजन के पारस्परिक अन्तर्सम्बन्धों का विवेकपूर्ण ढंग से विश्लेषित कर सकने में समर्थ हो आलोचक है। आज की आलोचना में संस्कृत के भावक, प्रेक्षक, सामाजिक, सहृदय, रसज्ञ, रसवान आदि शब्दों का प्रयोग आलोचक के लिए किया जाता है। नये सारे शब्द आलोचक के पर्याय नहीं हैं। हाँ, खींचतानकर लाक्षणिक रूप में ये शब्द इस अर्थ में प्रयुक्त किये जा सकते हैं। बड़े संकट एवं द्विधा की स्थिति में आलोचक और समीक्षक आज कृति जैसी वस्तु के विश्लेषक एवं विवेचक हैं। शेष तो पाठक हैं, कुछ प्राचीन भारतीय या मध्यकालीन काव्य परम्परा के और कुछ आज और आधुनिकता से जुड़े हैं। कविता के पाठकों की कमी क्यों होती जा रही है, इस सम्बन्ध में निम्नलिखित प्रश्न हैं—

(1) क्या कविता गुणात्मक दृष्टि से स्वयं में एक जटिल साहित्यिक प्रक्रिया बन चुकी है?

(2) मात्रात्मक दृष्टि से इसका विकास सन्दर्भ उपन्यास, कहानी, नाटक, संस्मरण, रेखाचित्र आदि के रूपों में हो चुका है। कविता स्वयं से विमुख होकर इन रूपों की ओर चली गयी हैं।

(3) क्या आज भाषिक संवेदना एवं कविता के कलात्मक रूपविधान पर सामाजिक प्रतिबद्धता हावी हो उठी है जिससे पाठक को कविता में कलात्मक आस्वादन नहीं मिल रहा है।

(4) या कविता को अन्तर्राष्ट्रीय मंच पर स्थापित करने की चेष्टा की जा रही और वर्तमान लोक या समाज उसमें अपने को न देखकर उससे बिदकता जा रहा है।

इस सन्दर्भ में कुछ और भी समस्याएँ हो सकती हैं और हमें अब आधुनिक कविता को लेकर सजग होने की बहुत बड़ी आवश्यकता है।

□□□

कविता को कैसे परिभाषित करें?

कविता हजारों-हजारों वर्षों से विश्व भर में लिखी जा रही हैं और समय-समय पर उसको परिभाषित करने के लिए अनेक बार या बारम्बार प्रयास होते रहे हैं, किन्तु वह आज तक अपरिभाषेय है। इन परिभाषाओं से केवल कविता के आभासिक स्वरूप का बोध होता है और उसके सम्पर्क में आने पर ही उसके वास्तविक स्वरूप की अनुभूति होती है, किन्तु उसकी रहस्यमयता केवल यही कहती है कि तुम मुझे एहसास करो, मेरे विषय में जो भी बताओगे, वह अधूरा रहेगा।

कविता की चार बुनियादी शर्तें हैं, पहली यह कि यह एक वस्तु या स्थापत्य है, और कवि उस स्थापत्य का निर्माता है। दूसरी शर्त यह है कि कविता के निर्माण में केवल शब्द ही सहायक होते हैं। कवि राज़गीर की भाँति एक-एक ईंट को उठाकर परखता है, वजन, माप, गुणवत्ता, स्थान का औचित्य तथा निर्माण की अर्थभंगिमा को व्यंजित करने की सामर्थ्य का आकलन करके उसे यथास्थान रखता जाता है। तीसरी स्थिति वहाँ और जटिल हो जाती है, जब ताजमहल की भाँति एक स्थापत्य को पूरी तरह से सजा-सँवारकर खड़ा कर देता है और उसका दर्शक उस स्थापत्य के सामने आता है। वह सम्पूर्ण स्थापत्य की अर्थभंगिमा एवं सम्पूर्णता को निहारकर एक-एक ईंट तक आता है, आनन्दित होता है, सर्जक के कला और मन्तव्य की व्याख्या करता है। चौथी स्थिति यह है कि कविता के व्याख्याकार की व्याख्या हमेशा अधूरी रहती है। कारण कला अनुभूति की व्यंजना है, ज्ञान की नहीं। **तुलसी** ने ठीक ही लिखा है—

'गिरा अनयन नयन बिनु बानी'

श्रेष्ठ कलाओं की अन्तिम व्याख्या सम्भव नहीं है।

कलाओं के साथ-साथ कविता का सृजन भी इन चार सम्भावनाओं के बीच होता है और ऐसी स्थिति में उसे परिभाषित करना भी कुछ टेढ़ा प्रतीत होता है।

भारतीय कविता के क्षेत्र में 'कविता' को समझने तथा परिभाषित करने का सन्दर्भ बाद में रखा जायगा। सबसे पहले अंग्रेजी साहित्य में प्रचलित चर्चाओं की बात इसलिए की जाती है कि फोर्ट विलियम कालेज की स्थापना, पाठ्यक्रम निर्धारण, देशभर में अंग्रेजी भाषा एवं पाठ्यक्रम के प्रचार तथा अंग्रेजी के वर्डस्वर्थ, वायरन, शेली, कीट्स आदि की श्रेष्ठता को निर्धारित करके वहाँ के वर्चस्व को स्वीकारने में हम भारतीयों को तथाकथित गौरव-बोध हुआ और वह बंगला, हिन्दी तथा अन्य साहित्यों में स्वीकार किया जाने लगा। आज हम अन्तर्राष्ट्रीय स्तर पर विश्व साहित्य से अवश्य जुड़ चुके

हैं किन्तु अंग्रेजी भाषा के ज्ञान तक सीमित होने के कारण उस साहित्य या उसके अनूदित साहित्य के सिद्धान्त के माध्यम से यह सिद्धान्त-चर्चा करते हैं। उदाहरण के लिए पश्चिमी साहित्य में प्रचलित काव्य की कतिपय परिभाषाएँ इस प्रकार हैं—

1. **मैथ्यू आर्ननाल्ड** की परिभाषा इस प्रकार है—

"Poetry is at bottom a criticism of life."

"कविता अपने मूल रूप में जीवन की आलोचना है।"

यह कविता की परिभाषा नहीं जीवन और काव्य के पारस्परिक साहचर्य के प्रति एक प्रतिक्रिया है, जो कविता को कला से दूर हटाकर उसे जीवन या समाज से जोड़ देती है।

2. **डॉ० जानसन** की कविता की परिभाषा इस प्रकार है—

"Poetry is the art of uniting pleasure with truth by calling imagination to the help of reason."

"कविता वह कला है जो कल्पना की सहायता से युक्ति के द्वारा सत्य को आनन्द से समन्वित करती है।"

कविता की यह परिभाषा समान रूप से सारी कलाओं पर लागू की जा सकती है केवल भाषा की कला अर्थात् कविता तक ही इसकी सीमा नहीं है।

3. **चैम्बर्स डिक्शनरी** में कविता को इस प्रकार परिभाषित किया गया है—

"Poetry is the art of expression is melodious words, thoughts which are creation of imagination and feelings."

"कल्पना और अनुभूति के उत्पन्न विचारों को मधुर शब्दों में अभिव्यक्त करने की कला ही कविता है।"

4. **लेहन्ट**, "Poetry is the utterence of a postion for truth, beauty and power embodying and illustrating its conception by imagination and fancy and modulating its language on the principle of variety in unity."
5. **माइकेल आकसर**, "By poetry I mean the activity of making images of a certain king and moving about among them in a manner appropriate to their character."[1]
6. **हर्बट रीड**, "Poetry is expressed in words and words suggest images and ideas and images with which they are associated."
7. **कोलरिज**, "The best words in best order."[2]
8. **शेली**, "Poetry is the record of the best and happiest moment of the happiest and best mind."

---

1. नई कविता—सैद्धान्तिक पक्ष, नई कविता : कविता और अकविता—डॉ० जगदीश गुप्त, पृ० 63
2. आलोचकथा—-प्रो० रामस्वरूप चतुर्वेदी, पृ० 162

"सर्वसुखी और सर्वोत्तम मनों में सर्वोत्तम और सर्वसुख पूर्ण क्षणों का लेख कविता है।"[1]

9. **टी॰ एस॰ इलिएट**, "Poetry is not a turning loose of emotion but an escape of emotion, it is not the expression of personality but the an escape from personality."

"कविता भावों का उन्मोचन नहीं बल्कि भावों से मुक्ति है, वह व्यक्तित्व की अभिव्यंजना नहीं बल्कि व्यक्तित्व से मोक्ष है।"[2]

अंग्रेजी साहित्य में कविता की इन परिभाषाओं के सापेक्ष्य में संस्कृति साहित्य निर्दिष्ट परिभाषाओं को देखा जा सकता है—

1. शब्दार्थौसहितौ काव्यम्। —***भामह***
2. ननु शब्दार्थौकाव्यम्। —***रुद्रट***
3. तैः शरीरं च काव्यानाम् अलंकाराश्च दर्शिता।
   शरीरंतावदिष्टार्थभवच्छिन्न पदावली।। —***दण्डी***
4. काव्यशब्दोऽयं गुणालंकार संस्कृतयोः शब्दार्थयोर्वर्तते।। —***आचार्य वामन***
5. सहृदयहृदयार्थह्लादि शब्दार्थमयत्वमेव काव्यलक्षणम्। —***आनन्दवर्द्धन***
6. वाक्यं रसात्मकं काव्यम्। —***आचार्य विश्वनाथ***
7. तददोषौ शब्दार्थौ सगुणावनलंकृती पुनः क्वापि।
8. रमणीयार्थ प्रतिपादकः शब्दः काव्यम्।
9. शब्दार्थ सहितौ वक्र कवि व्यापारशास्त्रिनि बन्धे व्यवस्थितौ काव्यम्......।

× × ×

केषांचिन्मतं कविकौशलकल्पितकमनीयातिशयः शब्द एव केवलम् काव्यम्।

× × ×

केषांचिद् वाच्यमेवरचनावैचित्र्यचमत्कारि काव्यम्।। —***आचार्य कुन्तक***

10. शब्दार्थयोः यथावत् सहभावेनविद्या साहित्यविद्या। —***राजशेखर***

संस्कृत साहित्य में कविता के विकास के **पाँच** सोपान दृष्टिगत होते हैं—

(i) शब्द ही कविता है।
(ii) शब्दार्थ ही कविता है।
(iii) बन्ध ही काव्य है।
(iv) पदावली या वाक्य ही काव्य है।
(v) अर्थ ही कविता है।

कविता की अंग्रेजी साहित्य की परिभाषाएँ हमें सामयिक व्यवस्था परिवर्तन के परिवेश में प्राप्त हुई हैं और हम उनका उपयोग कर रहे हैं। ठीक इसी प्रकार संस्कृत

1. काव्यशास्त्र—डॉ॰ भगीरथ मिश्र, पृ॰ 10 से 13 (विशेष द्रष्टव्य)
2. सर्जना और संदर्भ—अज्ञेय, पृ॰ 14, पाद टिप्पणी।

साहित्य की काव्य परिभाषाएँ हमें भारतीय संस्कार एवं परम्परा से मिली हैं। पश्चिम की भौतिक सुख खोज से जुड़ी व्यवस्था के संस्कारों से सम्बद्ध कविता और भारतीय परम्परा की भौतिकभोगत्यागवादी परम्परा के संस्कारों से जुड़ी कविता की अवधारणा के बीच एक तीसरी दृष्टि है, जिसे हम हिन्दी खड़ी बोली कविता की दृष्टि कहते हैं। संस्कृत एवं अंग्रेजी साहित्य की परिभाषाएँ हिन्दी कविता के लिए मूलाधार नहीं हो सकती। पृष्ठभूमि का कार्य अवश्य कर सकती हैं क्योंकि जिस जीवन के यथार्थ को भोग कर हमारी खड़ी बोली की कविता आगे बढ़ी है, वह उसका अपना निजी, स्वयं अर्जित एवं स्वयंभू है। इस प्रकाश में हम हिन्दी खड़ी बोली के कवियों तथा आचार्यों के कविता की परिभाषा विषयक मन्तव्य इस प्रकार देख सकते हैं—

1. "काव्य आत्मा की संकल्पात्मक अनुभूति है। सम्बन्ध विश्लेषण, विकल्प या विज्ञान से नहीं है। यह एक श्रेयमयी प्रेय रचनात्मक धारा है।"

   —***जयशंकर प्रसाद***

2. "कविता हमारे परिपूर्ण क्षणों की वाणी है।" —***पं० सुमित्रानन्दन पंत***
3. "जिस प्रकार आत्मा की मुक्तावस्था ज्ञानदशा कहलाती है, उसी प्रकार हृदय की यह मुक्तावस्था रसदशा कहलाती है। हृदय की इसी युक्ति साधना के लिए मनुष्य की वाणी जो शब्दविधान करती आयी है, उसे कविता कहते हैं।"

   —***आचार्य रामचन्द्र शुक्ल***

4. "कविता सहज आन्तरिक अनुशासन से युक्त वह अनुभूतिजन्य सघन लयात्मक शब्दार्थ है जिसमें सह-अनुभूति उत्पन्न करने की यथेष्ट क्षमता है।"

   —***डॉ० जगदीश गुप्त***

5. "शब्द केवल शब्द ही कविता है।" —***अज्ञेय***
6. "काव्य प्रकृत मानव अनुभूतियों का नैसर्गिक कल्पना के सहारे ऐसा सौन्दर्यमय चित्रण है, जो मनुष्य से स्वभावतः अनुरूप उच्छ्वास और सौन्दर्य संवेदन उत्पन्न करता है।" —***आचार्य नन्ददुलारे वाजपेयी***

अंग्रेजी, संस्कृत एवं हिन्दी की जो भी कविता सम्बन्धी परिभाषाएँ उपलब्ध हो सकी हैं, इन तीनों की तुलना करके क्या किसी एक निष्कर्ष पर पहुँचा जा सकता है? निश्चित ही यह एक महत्त्वपूर्ण एवं सवर्था विचार करने योग्य समस्या है—

1. प्राचीन भारतीय कविता की सर्जना का प्रारम्भिक सन्दर्भ शब्दवादी रहा है, जैसा कि पहले विवेचित किया जा चुका है कि सौ शब्द से लेकर रीति संरचना तक का एक क्रमिक विकास का सन्दर्भ यहाँ देखा जा सकता है। 'सौ शब्द, लक्षण, पाक, शय्या ही गुण एवं रीति' तक का विशिष्ट कविता कलेवर शब्दमूलक रचना का कलेवर है। कविता शब्दों से रचा एक प्रकार का ढाँचा है जो अन्त तक पदावली और उसके आगे चलकर रीति के रूप में दिखायी देती है। पश्चिम का शैली विज्ञान और भारतीय चिन्तन के रीतिवाद में पर्याप्त समानता है। पश्चिम का सिद्धान्त है कि 'शब्दों के सुन्दरतम क्रम में सुन्दरतम शब्दों' का

निर्माण ही कविता है। कविता की एक डिजाइन है और उसे शब्दों द्वारा निर्मित किया जाता है। **आचार्य वामन** भी यही कहते हैं कि "शब्दों की रीति द्वारा काव्य का ढाँचा उसी प्रकार तैयार किया जाता है, जैसे रेखाओं से चित्र।" यदि रेखाएँ तोड़ दीं जाएँ तो चित्र का अस्तित्व समाप्त हो उठेगा, ठीक उसी प्रकार किसी भी कविता के शब्दों को उससे पृथक् कर दिया जाय तो कविता का अस्तित्व नहीं रहेगा। संस्कृत कविता में संरचनावाद का सिद्धान्त इसी से विकसित हुआ अर्थात् व्याकरण, शब्द समूह, आलंकारिक रचना तथा लय के संयोग से कविता का ढाँचा बनाया जाता है। पश्चिम का संरचनात्मक काव्य निर्मिति के सिद्धान्त का भी यही आधार है। कविता के शब्दवादी सिद्धान्त की यही परिणति भारत एवं पश्चिम दोनों में यहाँ तक एक जैसी लगती है।

2. भारतीय कविता की परिभाषा में दूसरी समस्या यह है कि वह अर्थ के साथ जोड़ी गयी है। यह समस्या हमें पश्चिम में भी मिलती है। 'अर्थ' का सम्बन्ध 'अनुभव' से जुड़ता है। यह 'अनुभव' शब्द अपना व्यापक अर्थ दीप्त करता है—समग्र समाज का, व्यवस्था से जुड़े व्यक्ति या समूह का, सर्जक के अपने सर्जनात्मक अनुभव का आदि-आदि। भारतीय चिन्तन में 'शब्द तथा अनुभव' को असम्पृक्त अर्द्धनारीश्वर जैसा माना गया किन्तु यह अनुभव काव्य-कला की वस्तुनिष्ठता का अनिवार्य अंग माना गया है। शब्द संरचना की भाँति अर्थ संरचना की बात भारतीय चिन्तन में कविता के साथ उसकी अनिवार्यता है किन्तु पश्चिम की कविता में यह व्यक्तिगत एवं सामाजिक परिवेश से जुड़ जाती है। भारतीय शब्दार्थ संरचना में अर्द्धनारीश्वर की भाँति न कविता को तोड़ा जा सकता है, न बाँटा जा सकता है और न परिवर्तित किया जा सकता है। शब्द तथा अर्थ दोनों एक अखण्ड इकाई हैं—शब्द की दृष्टि से देखिए तो वह शब्दमयी (शब्दालंकार आदि) है, अर्थ की दृष्टि से देखिए तो वह अर्थमयी (अर्थालंकार आदि) है और शब्दार्थ की दृष्टि से देखिए तो समवेत् एवं समन्वित (उभयालंकार जैसी)। भारतीय चिन्तन ने बड़े व्यवस्थित ढंग से 'गुण, अलंकार, वक्रता' आदि को अर्थ से जोड़कर उसके कलेवर को समृद्ध किया है। अनुभव को प्रकारान्तर से अर्थ को भंगिमापूर्ण बनाकर उसे तीव्र सहज एवं गहन सम्प्रेषणधर्मी बनाना भारतीय कविता की कलागत विशेषता का अंग है।

3. भारतीय कविता अपनी कलात्मक सौन्दर्य रचना के प्रति निरन्तर सावधान रही है। काव्यलक्षण, काव्यगुण, काव्यरीति के ये तीनों सिद्धान्त वाह्य संरचना के निर्माण से सम्बद्ध हैं। वाह्य एवं आन्तरिक संरचना के आधार हैं। पश्चिमी तत्त्व अलंकार, गुण, आदि सौन्दर्यमूलक संरचना के आधार हैं। पश्चिमी चिन्तन जब काव्य के संरचनात्मक सौन्दर्य की बात करता है तो उसके साथ संरचना, सज्जा तथा सौन्दर्य के पक्ष आ जाते हैं। यह चिन्तन वहाँ बीसवीं शती की देन है। जब सुन्दरतम शब्दों को 'सुन्दरतम व्यवस्था' देने का प्रश्न खड़ा होता है तो संरचना

का प्रश्न स्वयं आ जाता है। भारत में यह सन्दर्भ प्रायः ईसा की प्रथम शती से ही स्वीकार्य है। लगभग अट्ठारहवीं शती तक कविता में इसकी इतनी विफलता रही कि एक सीमा तक भारतीय कविता चमत्कार-सी दिखने लगी।

4. प्रारम्भ से ही भारतीय कविता की व्याख्या का एक सन्दर्भ अभिव्यक्ति की व्यंजना से जुड़ा है और यही अर्थ प्रतीति का आधार भी है। भारतीय चिन्तन में 'शब्दशक्ति' तथा व्यंजना या ध्वनि इसके मूल सन्दर्भ हैं। बीसवीं शती में निष्कर्ष, व्यंजना, अभिप्राय (conclusion, expression, tone and intension) जैसे प्रश्नों को इसी संगति के साथ रखा गया है कि कविता के कलात्मक अभिप्राय से उत्पन्न चमत्कार को भलीभाँति समझना ही—एक ओर कविता समझना है तो दूसरी ओर उसके सृजन के चमत्कार से अभिभूत होना भी। भारतीय साहित्य में यह सन्दर्भ आठवीं शती से शुरू हुआ तथा अंग्रेजी साहित्य में बीसवीं शती से।

5. भारतीय कविता के विवेचना की एक और भी महत्त्वपूर्ण दृष्टि है। कथात्मक सृजन की सामाजिक निष्पत्ति का प्रश्न किससे जुड़ता है, कलात्मक सौन्दर्यानुभूति से सामाजिक-वैचारिक मूल्यों से। भारतीय कविता के प्रतिबद्ध स्वरूप का विवेचन प्रारम्भ में किया जा चुका है और बताया जा भी चुका है। भारतीय सामाजिक प्रतिबद्धता, न्याय, नैतिक मूल्यबद्ध, धर्म, अर्थ, काम मोक्ष के समापन और अन्त में सर्वोच्च सुख तथा शान्ति से सम्बद्ध उच्चतम शुभ मूल्यों से जुड़ती है। पश्चिम के भौतिक व्यवस्थावादी चिन्तन से जुड़ा, उसका याथार्थवाद पूर्णतया व्यावहारिक है, जबकि भारतीय व्यवहारवाद आदर्शपरक है। बीसवीं तथा इक्कीसवीं शती का भारतीय प्रतिबद्ध साहित्य भारतीय परम्परा में युक्त पश्चिम की प्रतिबद्धता से जुड़कर पूर्णतः यथार्थवादी हो चुका है। आज मार्क्सवादी तथा यथार्थवादी चिन्तन इस प्रतिबद्धता को कविता की कलात्मक प्रतिबद्धता के ऊपर स्थापित करने के प्रति सचेष्ट हैं, जो बहुत उचित नहीं हैं।

6. भारतीय चिन्तन कलाओं को युक्ति का हेतु मानता है। पश्चिम में इधर बीसवीं शती में 'तनाव मुक्ति' का सिद्धान्त प्रकाश में आया है, अन्यथा यहाँ आनन्द-सुख जैसी मनःदशा को कला के साथ जोड़ा गया है। भारतीय कविता शान्ति तथा विश्रान्ति जैसी दोनों चित्तदशाओं को समेट कर चलती हैं। रसानुभूति की चित्तदशा एवं उससे मिलने वाली विश्रान्ति, साहित्य की प्रतिबद्धता से अभिव्यक्त 'धर्मार्थकाममोक्ष' जैसे पुरुषार्थ चतुष्टय तत्त्व एवं पाठक के मन को अपनी नैतिक निष्ठा में ढालने का दायित्व साहित्य का ही है। भारतीय साहित्य की यह अवधारणा पश्चिम से भिन्न है, क्योंकि हमारे संस्कार सदैव श्रेष्ठ रहे हैं। वहाँ के उद्योगवादी देशों में आध्यात्मिक अनुभूति, उसका आस्वादन तथा समाधिदशा की अकल्पनीय आनन्दचेतना में चित्त की निरन्तर विलीनता आदि-आदि दशाएँ

न के बराबर हैं किन्तु ये भारत की दैनिकचर्या से निरन्तर जुड़ी हैं। यही नहीं कविता की जिस आस्वदन स्वभाव की भूमिका भारतीय अध्यात्मक कवियों एवं चिन्तकों ने विश्लेषित किया है, उसको पश्चिमी पाठक सामान्य लोकात्मक 'आनन्द' शब्द से समझते हैं। जहाँ तक सर्जक या सर्जन से सम्बद्ध पाठक की तनाव मुक्ति का प्रश्न है, हमारे यहाँ सद्यः परिनिवृत्तये, स्वान्तः सुखाय चमत्कृति, अन्तश्चमत्कार आदि अनेक प्रयोग देखे जा सकते हैं। कविता एवं कलासृजन दोनों व्यक्ति को, पाठक को परमानन्द तक ले जाकर उन्हें विश्रमित करती है—

विश्रान्तिर्यस्य संभोगे सा कला न कला मता।
लीयते परमानन्दे ययात्मा सा कला मता॥

□□□

सर्जक और सृजन का पक्ष

इस सन्दर्भ में प्रश्न उठता है कि सर्जक की कौन-सी विवशता या अभ्यन्तर सामर्थ्य है, जो सृजन के लिए उसे उसी तरह से विवश करती है, जैसे प्रसविनी के लिए संतति की उत्पत्ति।

इस सन्दर्भ में दो उत्तर मिलते हैं—पहला उत्तर है, सृजन का सहज नैसर्गिक संस्कार और दूसरा है, सृजनगत सामर्थ्य। चित्त में सृजन की घुमड़न प्रसविनी की पीड़ा है, तो वह है नैसर्गिक वासना रूप, किन्तु उसके लिए सामर्थ्य अर्जित करना भी अनिवार्य है।

भारतीय चिन्तन में दूसरे पक्ष को पहले और पहले प्रश्न को बाद में समझाने की चेष्टा की गई है।

सृजन के क्षणों की चित्तदशा के लिए मूलतः जिम्मेदार कवि के भावक चित्त का संस्कार ही महत्त्वपूर्ण हैं—किन्तु कलात्मक निवेश के लिए उसकी ग्राह्यता एवं प्रतिभा के साथ—अभ्यास, निपुणता तथा व्युत्पन्नता अनिवार्य तत्त्व हैं। फिर भी, सृजन के क्षण की भूमिका के रूप में सर्जक की नैसर्गिक संस्कार दशा पर प्रथमतः विचार करना अपेक्षित है।

डॉ० सुरेन्द्र वारलिंगे ने इस सन्दर्भ में 'वास्तुसूत्रोपनिषद्' के रचयिता ऋषि पिप्पलाद के मत का उल्लेख किया है—

"कलाकार अथवा वास्तुकार अपने अभिकल्प का चित्र अपने मानस चक्षु में निरखने में सक्षम होता है कि प्रक्षेपित अभिकल्प सुन्दर है अथवा नहीं।"

"ध्यानं प्रयोगं रूप सौष्ठवं भवति।"[1]

—वास्तुसूत्रोपनिषद् : 4-5-14:3

आनन्द कुमार स्वामी 'सुन्दर या नहीं सुन्दर' का प्रश्न नहीं उठते हैं। वे प्रश्न उठाते हैं—"समाधि में विषयवस्तु के दर्शन का।"

वे शुक्रनीतिसार के मन्तव्यों द्वारा यह स्पष्ट करते हैं कि सर्जक सृजन के पूर्व अपनी समाधि (कल्पना की दिव्यता) में सृज्यमान विषय का जो स्वप्न देखता है, उसको '**चित्तासन्नता**' के नाम से पुकारा गया है।

डॉ० सुरेन्द्र वारलिंगे का मत यहाँ स्वतः खण्डित हो जाता है कि सर्जक की समाधि में सृज्यमाण के स्वरूप का रूप दर्शन स्वयं में संस्कारतः सुन्दर है या नहीं

---

1. भारतीय सौन्दर्यशास्त्र की नई परिभाषा, पृ० 233

है, का प्रश्न नहीं है। चित्तासन्नता कवि की सांस्कारिक काल्पनिक सामर्थ्य है जो ईश्वर या प्रकृति प्रदत्त है, जिसे बाद में 'प्रज्ञा' के नाम से पुकारा गया है।

वाल्मीकि 'रामायण' में इस समाधि का प्रसंग है। नारद द्वारा रामकथा का श्रवण कर लेने के बाद ब्रह्मा द्वारा उन्हें उपदेश दिया जाता है कि वह समाधि में इस रामकथा को देखने का प्रयत्न करें। वाल्मीकि ने समाधि में रामकथा के ऐसे सारे सन्दर्भों को देखा, जिन्हें न उन्होंने सुना था और न जिनके विषय में जानते थे। आचार्य अभिनवगुप्त ने कवि की इस सामर्थ्य को 'अनादि प्राक्तन संस्कार' का नाम दिया है। भारतीय तंत्रवादी विवेचक बताते हैं कि 'यंत्रपूजा' द्वारा दैवी आशीर्वाद से भी ये शक्तियाँ व्यक्तियों को मिल जाती हैं। कालिदास इसके लिए एक ज्वलंत उदाहरण बताये जाते हैं। इस प्रक्रिया से प्राप्त होने वाली शक्ति का नाम 'औपाधिकी' शक्ति है। 'अनादि प्राक्तन संस्कार तथा औपाधिकी' के साथ एक तीसरी शक्ति की भी चर्चा की गई है जिसे 'उत्पाद्या' नाम से पुकारा गया है। यह विविध प्रयत्नों से अर्जित 'कर्तृत्वशक्ति' है।

सामान्यतया सृजन के लिए मूलशक्ति 'अनादिप्राक्तन संस्कार' ही है और अभिव्यक्त रूप में यह प्रतिभा के रूप में आभासित होती है। इस प्रतिभा को 'शक्ति' भी कहा है। **डॉ० कृष्णनाथ** ने बताया है कि—

''जिस प्रतिभा में सृष्टि से सहज तादात्म्य स्थापित कर लेने की सामार्थ्य हो, वह शक्ति है।''[1]

इसे पश्चिमी आलोचकों ने रचनात्मक सामर्थ्य (Creative faculty) के नाम से पुकारा है। इसके लिए अन्य पारिभाषिक शब्द हैं—इन्टूटिव फैकल्टी, पोएटिक सेंस, इमैजिनेशन आदि।

भारतीय काव्यशास्त्र में सहृदय एवं सर्जक की श्रेणियाँ भिन्न हैं। सर्जक में सहृदय के सम्पूर्ण धर्म हैं किन्तु उनके अतिरिक्त भी कुछ और हैं—निर्मल या विमल तादात्मिका शक्ति, सहज उत्पाद्या शक्ति आदि।

सर्जक अपनी निर्मल तादात्मिका शक्ति द्वारा सृष्टि के भावमयी स्वरूप एवं उसके वाह्य तथा अन्तवर्ती समग्र धर्मों का तादात्म्य कर लेता है। सहृदय उसके सृजन के सम्पर्क में आकर उसके इस तादात्म्य तत्त्व का परिचय प्राप्त करते हैं। सर्जक अपनी इस प्राक्तन संस्कार की शक्ति द्वारा जड़-चेतन से संवादशक्ति स्थापित करने में समर्थ, सृष्टि के गोपनीय रहस्यों का ज्ञाता, त्रिकालज्ञ एवं ब्रह्मा की भाँति अपूर्व कल्पना संसार का सर्जक बन जाता है।

आचार्य राजशेखर 'प्रतिभा तथा समाधि' को एक में मिलाकर उसे काव्यशक्ति का नाम देते हैं—

1. रचना और आलोचना, इलाहाबाद संग्रहालय, पृ० 38

मनसि सदा समाधिनि विस्फुरणमनेकधाऽभिधेयस्य।
अक्लिष्टानि पदानि च विभान्ति यस्यमसौ शक्तिः॥

"जिसके होने पर अच्छी तरह एकाग्र किये हुए मन में अनेक प्रकार के अर्थों की स्फूर्ति होती है तथा सरल-सुबोध पद सूझ पड़ता है उसी का नाम शक्ति है।"

इस शक्ति की कल्पना बाद की है। प्रतिभा के अन्तर्गत यह सांस्कारिक शक्ति है, या भिन्न। इस विषय पर स्पष्ट संकेत नहीं है किन्तु प्रतिभा के सन्दर्भ में विश्लेषण राजशेखर के पूर्व एवं बाद निरन्तर मिलता है। **राजशेखर** ने काव्यमीमांसा के अन्तर्गत स्वयं श्यामदेव नामक आचार्य का उल्लेख किया है जो समाधि को सर्जक का मूल एवं प्रथम स्वभाव मानते हैं। उनके अनुसार मानसिक एकाग्रता द्वारा सिद्ध समाधि में अर्थदर्शन के बिना कविता का सृजन सम्भव नहीं है—

मनसि एकाग्रता समाधिः।
(सः कविः) समाहितं चित्तमर्थाः पश्यन्ति!

आचार्य राजशेखर ने यहीं श्यामदेव का एक श्लोक भी उद्धृत किया है—

सारस्वतं किमपि तत्सुमहारहस्य,
यद्गोचरे च विदुषां निपुणैक सेव्यम्।
तत्सिद्धये परमयं परमोऽभ्युपायो
तत्त्चेतसो विदितनेद्य निधे समाधिः॥

"सरस्वती का रहस्य महान, गम्भीर और अवर्णनीय है। वह अत्यन्त निपुण विद्वानों के ज्ञान का विषय है किन्तु उसकी प्राप्ति का एकमात्र उपाय है, मन की समाधि अर्थात् एकाग्र चित्तासन्नता।"

वाल्मीकि रामायण में इसे योगधर्मयुक्तसमाधि कहा गया है। परवर्ती लक्षणकारों में आचार्य वामन ने इसे अवधान के नाम से पुकारा है। उनके अनुसार चित्त की एकाग्रता ही अवधान है।

जैसा कि कहा जा चुका है, 'काव्यशक्ति' इसी समाधि का आधार है। काव्यशक्ति जैसा कि पूर्व निर्दिष्ट है, वही सृजन के लिए आधार है और संस्कार तथा प्रतिभा के ही संयोग से सर्जक के चित्त को समाधि जैसी दशा प्राप्त होती है।

आचार्य रामचन्द्र शुक्ल ने 'कविता क्या है?' की व्याख्या करते हुए 'भावयोग' शब्द का प्रयोग किया है। यह भावयोग दशा क्या है? चित्त की समाधिदशक्ति के क्षणों के बाद जो भाषिक रचना काव्यसृजन के रूप में प्रस्तुत होती है वह चित्तासन्नता नहीं, यह भावयोग ही है। जिस प्रकार सर्जक भावयोग की दशा के अपने सृजन के क्षणों में अपने चित्त तथा अपने चित्त से इतर विषयवस्तु से अभ्यन्तर संलाप द्वारा भावाद्वैतमूलक तन्मयता स्थापित करता है, वह सृजन की मूल भूमिका है। सर्जक के चित्त एवं चित्तेतर के बीच आत्मिक संलाप ही सृजन का उन्मेष क्षण है। सृजन के क्षणों में सर्जक के चेतन का अभ्यन्तर दबाव एक विशेष महत्त्वपूर्ण तत्त्व है, जो उसे सृजन के लिए प्रेरित करता है। इस सन्दर्भ को **अज्ञेय** स्पष्ट करते हैं कि—

"प्रतिभा वस्तु को सम्प्रेष्य नहीं बनाती, अनुभव को सम्प्रेषित करती है और वह अनुभव अद्वितीय होना चाहिए। अनुभव की अद्वितीयता और अर्थ की साधारणता प्रतिभा के दो इष्ट हैं, जिस प्रक्रिया से यह योग सिद्ध होता है वही रचना प्रक्रिया है।"[1]

सृजन तथा कलाकार के चेतन चित्त के अभ्यन्तर दबाव से जुड़ी मनसवृत्ति को **अज्ञेय** प्रतिभा के नाम से पुकारते हैं वे कहते हैं कि—

"क्या नवोन्मेष के क्षण वास्तव में ऐसे ही क्षण हैं, जिनमें कि देवता या सृष्टि मात्र का सृष्टा अपने लिए संलाप की स्थिति बनाता है कि जो मैंने भोगा नहीं उसका दर्शन तथा संस्पर्श पा सकता हूँ।"

इसी समस्या को वे पुनः दूसरे रूप में कहते हैं—"सम्प्रेषण की यहाँ वैसी समस्या नहीं होती जैसे काव्य के सम्प्रेषण में कवि के प्राणोन्मेष में इस बात का महत्त्व होता है कि जहाँ कवि एक भोक्ता के रूप में अचूक प्रत्यभिज्ञा से यह जानता है कि यह मुझे कुछ मिला, यह मुझे कुछ दिखा, यह मैंने कुछ छुआ। वहाँ वह उतने ही दृढ़ प्रत्यय से यह भी जानता रहता है कि यह मिला होना, यह दिखा होना, यह छुवन एक दूसरे तक भी पहुँचा सकता हूँ जो भोग के क्षण में मेरा सहभागी और भोक्ता नहीं था। ठीक उसी प्रत्यभिज्ञा की और प्रतीति सर्जक कवि भोक्ता मनुष्य से अलग हो जाता है।"[2]

'सर्जक की प्रतीति की भावक की पुनर्प्रतीति' दो ऐसे सन्दर्भ हैं, जिनका सम्बन्ध कवि तथा आलोचक या कविता तथा आलोचना से जुड़ता है।

भावक आलोचक की सृजित विषयवस्तु की चित्तासन्नता सृजन के परिवेश तक जुड़ी रहती है किन्तु उसमें भी अर्थदर्शन की क्षमता है। भावक की अपनी भावचित्ती प्रतिभा द्वारा सर्जक की कारयित्री प्रतिभा से निर्मित विधान का चित्तभूमि में अवलोकन करता है। यह कथन सर्वथा अस्वीकार्य है कि—

"रचनाकार जन्मजात प्रतिभा का संवाहक होता है जबकि आलोचक के लिए यह अनिवार्य नहीं है।"[3]

किसी रचना में अपूर्णता का अवतरण समाधि का प्रतिफल है और कवि या सर्जक अपनी अपूर्णता के निर्माण के लिए 'प्रज्ञाशक्ति तथा प्रतिभा' से उन्हें जोड़कर उनके विविध पक्षों का निर्माण करता है। कवि की इस सृजन प्रक्रिया के विषय में **आनन्द कुमार स्वामी** ने अपनी प्रसिद्ध कृति 'द डान्स आफ शिवा' में इस प्रकार बताया है—

1. कवि या सर्जक के मन में सौन्दर्य की अनुभूति होती है।
2. इस अनुभूति का अन्तर में स्फुरण होता है, सौन्दर्य या सर्जन का दर्शन होता है।

---

1. सर्जना और संदर्भ : अज्ञेय, पृ० 144
2. वदी, उन्मेषशालिनी प्रतिभा, पृ० 248
3. रचना और आलोचना, डॉ० जगदीश गुप्त, पृ०26 (इलाहाबाद संग्रहालय)

3. भाषा आदि उपायों से इसका संकेत और संकर्षण होता है।
4. आलोचक या रसिक द्वारा इस अनुभूति का पुनरुत्पादन होता है।[1]

इसका मूल सन्दर्भ इस प्रकार है—

1. An aesthetic intution on the part of the original artist : the poet, the creator.
2. Then, the internal expression of their intution or the true creation of vision of beauty.
3. The Indication of their by external signs (language) for the purpose of communication.
4. The resulting stimulation of the critic or Rasika or the reproduction on orignal intution.[2]

डॉ० आनन्द कुमार स्वामी के इन मन्तव्यों को डॉ० कृष्णनाथ द्वारा ऊपर किया गया। हिन्दी रूपान्तरण प्रकारान्तर से भारतीय प्रतिभा, समाधि, प्रज्ञाशक्ति आदि का ही निर्वचन करता है।

सामान्य रूप से प्रतिभा का अर्थ पश्चिम में कल्पना शक्ति से लगाया गया है। प्रतिभा का अर्थ कवि द्वारा संस्कारतः या जन्मना प्राप्त प्रज्ञाशक्ति है।

अभिनवगुप्तपादाचार्य के गुरू आचार्य भट्टतौत नें बताया है कि दर्शन (चित्तासन्नता) तथा उसकी वर्णन सिद्धि इन दोनों के बिना कविता अपूर्ण है। दोनों की सिद्धि से ही काव्यशक्ति का किसी कवि में स्फुरण होता है। **आचार्य हेमचन्द्र** अपने काव्यानुशासन में भट्टतौत के मत का इस प्रकार उल्लेख करते हैं—

सतत्त्वदर्शनादेव शास्त्रेषुपतितः कविः
दर्शनाद्ववर्णश्चाथ रूढ़ालोके कविः श्रुतिः।
दशापि दर्शने स्वच्छे नित्येप्यादि कर्वेमुनिः,
नोदिताकवितलोके यावज्जाता न वर्णना॥

कवि वाल्मीकि का सन्दर्भ देकर यहाँ यह बताया गया है कि कवि मुनि ने यद्यपि ब्रह्मा के आशीर्वाद से चित्त में सम्पूर्ण रामकथा का दर्शन कर लिया था किन्तु जब तक उनके वाणी द्वारा प्रस्तुत करने (वर्णन) की सामर्थ्य नहीं हुई, कवि सिद्धि भी नहीं मिली। **डॉ० कृष्णनाथ** ने दर्शना तथा वर्णना को आधुनिक आलोचना की शब्दावली में 'विज़न और टेक्निक' शब्दों का प्रयोग किया है। उनके अनुसार—

"दर्शन, वर्णन, भाव, उपाव, प्रतिभा अभ्यास, विज़न, टेक्निक का युगबद्ध रूप काव्य है।"[3]

सृजन के द्वन्द्व के बीच मनस चेतना के प्रति संस्कारों से वस्तु की प्रस्तुति या निर्मिति ही कलात्मक अभिव्यक्ति है। यदि क्रौंचवध का दृष्टान्त लिया जाय तो कहा

---

1. रचना और आलोचना, काव्यप्रक्रिया और सर्जक मन, श्रीकृष्णनाथ, पृ० 42
2. The Dance of Shiva, पृ० 65
3. रचना और आलोचना, रचना प्रक्रिया और सर्जन, पृ० 35-41

जा सकता है कि वह न क्रौंच के यथार्थ से सम्बद्ध है, न वाल्मीकि के यथार्थ से सम्बद्ध। अपितु वह लोक की पीड़ा की सामान्य प्रस्तुति है जिसे सभी उसी तरह से लेते हैं—परस्पर केलिक्रीडा में रत एक पक्षी के प्रति जघन्य क्रूरता। **प्रो० कान्तिचन्द्र पाण्डेय** ने 'तुलनात्मक सौन्दर्यशास्त्र, भाग 1' में यह प्रश्न इस प्रकार उठाया है—

1. How can Valmiki's experience be called aesthetie experience.
2. If Valmiki identified himself with the female Kraunch. How is it that this identification did not find expression in words such as female Kraunch have spoken.
3. Are there any texts to the same objections has been anticipated and answered.

इन तीनों प्रश्नों का उत्तर उन्होंने क्रमशः इस प्रकार दिया है कि (i) न तो मारे गये क्रौंच की पीड़ा का तादात्म्य करके उसको यहाँ व्यक्त किया गया है (ii) न यहाँ उस घटना की प्रस्तुति की गई है, वरन् (iii) लोक की सामान्य पीड़ा की प्रस्तुति है, और कलात्मक आवेग उस पीड़ा को ऊपर उठाता है। वाल्मीकि का ही साक्ष्य देते हुए **डॉ० कान्तिचन्द्र पाण्डेय** कहते हैं कि—

"Material utterence producing from me overpowered my grief."

प्रतिभा मूलतः विषय तथा शिल्प के अद्वैत द्वारा पाठकों के चित्त को एक प्रतीतिक सत्य की सहमति से जोड़ देती है और इन पाठकों के हृदय में घटक की क्रूरता के प्रति नैतिक सहमति बोध जैसा एहसास उठ खड़ा होता है, रस का सम्बन्ध इसी एहसास से जुड़ता है। सबके मन को समान रूप से प्रिय-अप्रिय लगने वाला काव्य का प्रस्तुत मन्तव्य सबको एक जैसा लगता है। कलात्मक अभिव्यक्ति के रसास्वादन स्वरूप का यही लक्षण सर्वाधिक महत्त्वपूर्ण है। सर्जक और पाठक की चित्तदशाओं का यही एकीकृत स्वरूप ही रस के लिए आधार बनता है।

इस प्रकार, निष्कर्ष रूप में कहा जा सकता है कि काव्य सर्जक प्रतिभा संस्कारों से सम्पन्न होता है। अभ्यास द्वारा वह वर्णनाशक्ति अर्जित करके अपने सृजन से सबको अभिभूत करता है। सृजनशक्ति के पूर्व समाधि अनिवार्य है। इस समाधि दशा में कविता की चित्तासन्नता विषयवस्तु के अभीष्ट रूपों से भर उठती है। विधान के पूर्व वस्तु का रूपदर्शन इसी चित्तासन्नता का प्रतिफल है। रूपदर्शन की सामर्थ्य उसे उसकी प्रज्ञाशक्ति देती है और उसी के फलस्वरूप वर्णना रूप में कविता का जन्म होता है। भावयोग मात्र सृजन के लिए अपेक्षित नहीं है। भावयोग तो भाषिक वर्णनाशक्ति के लिए एक वातावरण उत्पन्न करता है।

□□□

भारतीय प्रतिबद्ध साहित्य : एक पुनर्विचार

भारतीय सृजन परिवेश की दो परम्पराएँ रही हैं—प्रथम प्रतिबद्ध साहित्य की एवं द्वितीय ललित साहित्य की। ललित साहित्य की परम्परा अपेक्षाकृत नवीन है। पश्चिम में, ललित साहित्य का आन्दोलन 'कलावाद' के रूप में 19वीं शती में चला है और इसके प्रमुख प्रवक्ता 'ए० सी० ब्रेडले' का कलावाद या 'कला कला के लिए' के सिद्धान्त का खुलकर खण्डन आई० ए० रिचर्डस् द्वारा 'प्रिंसिपल्स आफ लिटरेरी क्रिटिसिज्म' के अन्तर्गत किया गया। आई० ए० रिचर्डस् का मूल्यवाद उनकी साहित्यिक अवधारणा का प्रमुख चिन्तन है। आगे चलकर मार्क्सवादी साहित्य ने साहित्य की सामाजिक प्रतिबद्धता पर अपनी मुहर लगायी और यह सामाजिक प्रतिबद्धता का प्रश्न इस रूप में विवेचित किया जाने लगा है, जैसे सम्पूर्ण कलात्मक निष्पत्तियाँ इसी व्यवस्था के अन्तर्गत समाहित हों।

भारतीय साहित्य की स्थिति इससे कुछ भिन्न हैं। वैदिक वाङ्मय के बाद जब से नराशंसी (Man Based) रचनाएँ लिखी जाने लगीं, उनके साथ नैतिक तथा आध्यात्मिकता का प्रश्न अनिवार्य रूप से जुड़ा और महाभारत तथा वाल्मीकि रामायण तक आते-आते सृजन के लिए ये मूल्य महत्त्वपूर्ण हो उठे। कतिपय गाथाएँ, गीतिकाव्य, स्तुतियाँ इनसे भिन्न भी मिलती हैं किन्तु उनमें भी कहीं-न-कहीं मानवीय मूल्यवर्ती दृष्टि हमें निरन्तर दिखायी पड़ती है। ठीक इसके विपरीत ईसा की दूसरी शती से यहाँ ललितकाव्य लिखने की परम्परा हमें दिखायी पड़ती है। यह ललितकाव्य परम्परा केवल कविता के कलात्मक स्थापत्य को सर्वोच्च तथा एकमात्र मूल मानकर उसे उसके अतिरंजित प्रभाव के साथ प्रस्तुत करने का पक्षधर रही है। उसका मुख्य दृष्टिकोण रहा है—

तया कवितया च किं तया वनितया च किं।
पद विन्यास मात्रेण यया न ह्रियते मनः॥

नर्तकी की भाँति अपने चरणन्यास मात्र से पाठक के हृदय को अलंकृत कर देने वाली यह ललित कविता भारतीय नैतिक मूलों से जुड़ी साहित्यिक परम्परा से पूर्णतः भिन्न रही है। समाज रचना के प्रति सम्पूर्णतः भारतीय प्रतिबद्ध साहित्य के साक्ष्य यद्यपि ललित काव्य परम्परा में भी मिलते हैं। जैसे **आचार्य भरत** 'नाट्यशास्त्र' के सन्दर्भ में बताते हैं कि इसकी रचना का मूल कारण लोक की पीड़ा को दूर करना है—

दुःखार्त्तानां श्रमार्त्तानां शोकार्त्तानां तपस्विनाम्।
विश्राम जननं लोके नाट्यमेतद् भविष्यति॥

यही नहीं, दण्डी, भामह, वामन आदि ने कविता से होने वाली तात्कालिक कष्टमुक्ति (प्रीति) की चर्चा की है। आचार्य मम्मट ने काव्य के प्रतिबद्ध उद्देश्य के विषय में हल्का संकेत किया है। लोक व्यवहार ज्ञान, अशिवकर तत्त्वों से रक्षा तथा कान्तासम्मित उपदेश—ये तीन सन्दर्भ ललित काव्य परम्परा से जुड़े हैं। ध्यानपूर्वक विचार करने पर इन काव्यों का मूल मन्तव्य 'सद्यः परिनिवृत्ति' या सम्पर्क के क्षणों में आनन्दमयी मुक्ति ही है। ललित काव्य परम्परा इस प्रकार सामाजिक प्रतिबद्धता के प्रति लोकमंगलवादी चेतना से पूर्णतः जुड़ नहीं पाती।

भारतीय प्रतिबद्ध साहित्य का दृष्टिकोण व्यापक तथा उदात्त रहा है। प्रारम्भिक कृति के रूप में ये वाल्मीकि रामायण एवं महाभारत के रूप में हमारे सामने आते हैं और ये दोनों महाकाव्य मानवमूल्य की व्यापक आकांक्षाओं से मण्डित है। इन काव्यों के विषय देवता नहीं मनुष्य हैं, इन रचनाओं का उद्देश्य व्यापक मानवीय मूल्यों तथा लोकमंगल की स्थापना द्वारा बिखरते हुए समाज कों जोड़ना है। नैतिक मूल्यों के उच्चतम संदर्भों, लोकरक्षण की व्यापक मान्यताओं से मण्डित सर्वमंगलवाद की आकांक्षा से प्रेरित, जीवदया, प्रेम, स्नेह, सहिष्णुता, सत्य, शुचिता, शील, त्याग, परोपकार आदि श्रेष्ठ मानवीय मूल्यों के प्रेरक ये काव्य विश्व साहित्य में दुर्लभ हैं। भारतीय ललिता-कविता राजाश्रय में पलने वाली चित्त विलास की कविता है, जबकि ये प्रतिबद्ध महाकाव्य आश्रमों में निवास करने वाले लोककन्याणकांक्षी ऋषि कवि तथा आदि कविपुंगवों की रचनाएँ हैं। महाभारत के विषय में आदिकवि वाल्मीकि की अवधारणा कितनी सच है जो महाभारत में है, वह सम्पूर्ण लोकजीवन में व्याप्त है और जो महाभारत में नहीं है, वह अवधारणा लोकजीवन में भी नहीं है। 'लोक और जीवन' की यह अभिन्नता, इस प्रतिबद्ध साहित्य का सर्वोपरि वैशिष्ट्य है। चारण, कुशीलव, सूत, मागध आदि जातियाँ इन काव्यों के लोक प्रचार की माध्यम थीं। भारतीय दृष्टिगण इस तथ्य से भतीभाँति परिचित थे कि काव्य लोक जीवन का पुनर्सृजन है और अपनी सम्यकूरूपेण सक्षम अभिव्यक्ति पाकर विशृंखलित समाज का यह पुनर्सृजन करता है। वाल्मीकि रामायण के सृजन की भूमिका पर ध्यान दें तो यह तथ्य और स्पष्ट हो उठता है। रामायण के रचे जाने के पूर्व उनकी चिन्ता यही थी कि कैसे किसी गहनीय एवं श्रेष्ठतम व्यक्तित्व का अन्वेषण करके उदात्त तथा लोकरक्षक मंगलविधायी मूल्यों को उस प्रतीक-पुरुष के माध्यम से रचा जाय। नारद के समक्ष वाल्मीकि की यही चिन्ता सामने आती है—एक उदात्त मानव व्यक्तित्व के अन्वेषण की। नारद वाल्मीकि को राम के श्रेष्ठ मानवीय मंगलकारी तत्त्वों का गुणानुवाद करके उनका परिचय देते हैं। रामायण की रचना के बाद लव-कुश 'राम के दरबार' में ठीक वही बातें करते हैं—

इक्ष्वाकूणामिदं तेषां राज्ञावंशे महात्मनाम्।
यदुत्पन्नमाख्यानं रामायणमिति श्रुतम्॥

तदिदं वर्तयिष्यावः सर्वंनिखिलमादितः।
धर्मकामार्थ सहितं श्रोतव्यमनुश्रूयता।।

"इक्ष्वाकुवंशी महात्मा राजाओं की कुल परम्परा में रामायण नाम से प्रसिद्ध इस ऐतिहासिक काव्य की अवधारणा हुई।

दोनों (लवकुश) आदि से अन्त तक इस काव्य का पूर्णरूप से गान करेंगे। इसके द्वारा धर्म, अर्थ, काम, मोक्ष इन चारों पुरुषार्थों की प्राप्ति होती है। अतः आप लोग दोष दृष्टि का परित्याग करके इसे सुनें।"

वाल्मीकि रामायण एक श्रेष्ठ भाषिक संरचना है और उस युग विशेष में भाषिक संरचना रूपी कविता के ज्ञितने भी तत्त्व हो सकते थे, उसमें वर्तमान हैं। किसी उदात्त चरित्र का श्रवण तथा अध्ययन, समधि दर्शन या चित्तासन्नता, छन्दबद्ध श्लोकमयता, तत्पुरुष समासों की बहुलता, दीर्घ तथा गुणसन्धि की अधिकता, प्रकृति प्रत्ययों का यथायोग्य निर्वाह, समता, माधुर्य तथा प्रसाद काव्यभाषा गुणों का बाहुल्य आदि-आदि। उस युग की कविता के ये सारे-के-सारे गुण वाल्मीकि रामायण में हैं।

काव्य पाठ प्रस्तुति के पक्ष में कहा गया है कि यह रचना गेय, मधुर गुणसम्मन्न, स्वर के आरोह अवरोह से परिपूर्ण है। पाठ्य एवं गेयता दोनों इसके धर्म हैं। उच्चारण की दृष्टि से प्रभाव उत्पन्न करने में सामर्थ एवं अर्थबोध प्रतीति कराने में पूर्णतः सक्षम है। कविता के श्रोतागणों के काव्यपाठ काल के प्रभावों का उल्लेख इस प्रकार किया गया है—हर्षजनित रोमांच, आँखों के सामने सबकुछ घटित होता हुआ श्रवणेन्द्रिय सुख से विह्वल, तन्मयीभूतता आदि।

इन सबके साथ उसकी श्रेष्ठता तथा उदात्तता का कारण उसकी सामाजिक मूल्यों के प्रति प्रतिबद्धता है। यहाँ कलात्मक दृष्टि के विन्यास का पक्ष महत्त्वपूर्ण नहीं, मंगलमयी शुभ मूल्यों की सामाजिक व्याप्ति से युक्त प्रतिबद्धता महत्त्वपूर्ण है। इस प्रतिबद्ध भारतीय साहित्य के तीन सन्दर्भ महत्त्वपूर्ण हैं—

1. मंगलमयी शुभ तथा लोकहितैषी जीवन मूल्यों की स्थापना
2. भारतीय आध्यात्मिकता से सम्बद्ध शान्त रस जैसे भावबोध की स्थापना
3. भक्ति प्रवाह एवं मुक्त मंगलमयी समाज की रचना

मंगलमयी शुभ तथा लोकहितैषी जीवन मूल्यों की स्थापना

भारतीय जीवन शैली 'स्वविवेक सम्मत' नैतिक मूल्यों एवं आध्यात्मिक निष्ठा से सम्बद्ध है। ये दोनों तत्त्व हममें कुछ ऐसे रच-पच गये हैं कि आज भी पश्चिम की भौतिकवादी सभ्यता का प्रवाह उसे अपने में ढालने में असमर्थता का अनुभव कर रहा है। सामान्य दृष्टि से भारतीय नैतिक काव्य परम्परा 'उपदेश साहित्य' के रूप में मिलती है। भारतीय कथा साहित्य एवं उपदेश काव्य कथा तथा मुक्तक दोनों रूपों में नैतिक तथा आध्यत्मिक शिक्षा से जुड़े मन्तव्यों को अपनी कृतियों में प्रस्तुत करते हैं। आध्यात्मिक परम्परा के अंन्तर्गत स्तोत्र एवं गीति काव्यों की लम्बी परम्परा बौद्ध, वैष्णव एवं शैव साहित्य में मिलती है।

प्रतिबद्ध साहित्य की तीसरी परम्परा उन प्रबन्ध काव्यों की है, जो व्यापक लोकमंगल की अवधारणाओं से सम्पृक्त भारतीय जीवन के अभिन्न अंग बन चुके हैं। वाल्मीकि रामायण तथा महाभारत जैसे प्रबन्ध काव्य की यह परम्परा भारतीय संस्कृति की विशालता तथा महनीयता का प्रतिबिम्ब रहा है। दोनों महाकाव्य ईसा पूर्व चौथी-पाँचवीं शती से लेकर आज बीसवीं शती-इक्कीसवीं शती तक काव्य रचना के प्रेरक रहे हैं और आगे भी बने रहेंगे। इन काव्यों में न व्यक्ति की प्रधानता है और न व्यक्तिगत मूल्यों की। सम्पूर्ण कविता सामाजिक प्रतिबद्धता के प्रति समर्पित है। वाल्मीकि रामायण, अश्वघोष कृति बुद्धचरित, सौन्दरनन्द आदि महाकाव्य में सम्पूर्ण कविता की रचनात्मक अवधारणाएँ अन्तर्द्वन्द्वों एवं शील निरूपण की सृष्टि द्वारा रचना को समापन के ऐसे बिन्दु तक ले जाती है। 'नैतिकता एवं काव्यात्मक अनुभूति' का अद्वैत चित्त को अपूर्व विश्रान्ति प्रदान करता है। शान्त एवं करुण रस की अन्तर्वृत्तियाँ मानव-मन को क्षण भर के लिए रागद्वेष (स्व-पर) के भाव से विर्निमुक्त करके चित्त को विश्रान्तिदायी भूमिका में अवस्थित करती हैं।

भारतीय कविता की यह विशेषता भारतीयता के नैतिक, आत्मिक एवं रागात्मक वृत्ति से जुड़ी है। इसे हम भारतीय केवल शिक्षा, उपदेश या नैतिकता का पाठ नहीं कहते। यह हमारे सांस्कारिक चित्त की अभिव्यक्ति का भाव पक्ष है जो काव्य के साथ स्वयं अवतरित होता है।

भारतीय कविता केवल 'शब्दार्थ' की कविता नहीं है। शब्द, अर्थ, गुण, लालित्य, चमत्कार, वक्रता, अतिशयता, अभिप्राय सभी-के-सभी जिस भाषिक अनुभूति के बीच हमारे सामने आते हैं, वे सब जीवन्त अनुभूति के चेतन क्षण हैं और उन सबके साथ धर्म, दर्शन, नीति, समाजिक मान्यता सभी की अन्तरंगता के साथ अद्वैतभाव से संश्लिष्ट हो जाते हैं। उदात्त मूल्यों से जुड़ी हमारी परम्परित सामाजिक जीवन की धरोहर अभी भी समग्र विश्व की सामाजिक रचना के लिए आधार है। विश्व समाज का कौन-सा व्यक्ति 'रावण' से घृणा नहीं करेगा और संस्कारतः रामायण जैसे महाकाव्य के अध्ययन के बाद राम के सांस्कारिक मन से जुड़कर रामवत् नहीं होना चाहेगा। कविता हमारे सामाजिक संस्कारों की वाटिका है। भारतीय कला एवं कविता का एक महत्त्वपूर्ण मन्तव्य है। जैसा कि **वी० एस० निर्वणे** ने इंगित किया है कि—

"But the discussions of beauty and all by Indian thinkers can only be appreciated if they see in the context of unified cultural tradition in which philosophy, religion, ethics, poetry and art are integrally connected with each other."[1]

भारतीय कविता के मूल्यवादी सन्दर्भ केवल उपदेश एवं नैतिक निष्ठा से ही नहीं जुड़ता, कलात्मक मन्तव्यों से उनका गहरा रिश्ता जुड़ा रहता है और उसकी चर्चा

---

1. Creative Stillness, भूमिका, पृ० 1

विस्तारपूर्वक ध्वनि एवं वक्रोक्ति सिद्धान्तों में की गयी है। रचना का मन्तव्य एवं आस्वादन दोनों की परस्पर संश्लिष्ट निष्पत्तियाँ शील के आस्वादन से जुड़कर कथा प्रबन्धों में तथा कलात्मक चमत्कृति से जुड़कर मुक्तक आदि काव्यों में आस्वादनमयी प्रतीति कराती हैं।

भारतीय आध्यात्मिकता से सम्बद्ध शान्त रस जैसे भावबोध की स्थापना

भारतीय कविता को आध्यात्म से पृथक् इसलिए नहीं किया गया है कि भारतीय जीवन की समग्रता धर्मानुप्राणित है। नैतिकता के साथ धर्म एक सीमा तक ही है। यहाँ 'स्व' एवं 'पर' का आग्रह तो है किन्तु वृहत्तर मानवीय मूल्यों के सापेक्ष्य में वह गौण पड़ जाता है। भारतीय धर्म की अवधारणा नैतिक बोध के ऊपर है जहाँ हमारी दृष्टि में 'स्व' एवं 'पर' की संकीर्णता विनष्ट हो जाती है। नैतिकता के अन्तर्गत उदात्त मानवीय मूल्यबोध है किन्तु व्यक्ति की निजता का भाव वृहत्तम सामाजिक मूल्यों में तिरोहित हो जाता है। भारतीय धर्म एवं अध्यात्म का यही अर्थ है। लोकतांत्रिक व्यवस्था में हम मान लेते हैं कि उस लोकव्यवस्था के कलपुर्जे हैं, मार्क्सवादी व्यवस्था में स्वीकार कर लेते हैं कि हमारा अस्तित्व सामाजिक सन्दर्भ का है और शोषणविहीन सामाजिक समरसता की स्थापना के लिए हमारा अस्तित्व केवल उपकरण की भाँति है। आध्यात्मिकता के सन्दर्भ में हम भारतीयों ने यह अवधारणा हजारों-हजारों वर्षों पूर्व से स्थापित कर रखी है कि पचास वर्षों के नैतिक मूल्यपरक जीवनभोग के बाद मेरा घर, सम्पत्ति, पुत्र-पौत्रादि, गाँव, प्रदेश, देश, जाति, स्वजन, बन्धु यहाँ कुछ भी अपना नहीं है और केवल एक ही वस्तु हमारे लिए अभीष्ट है, वह मनुष्यमात्र ही नहीं सचराचर के प्राणि, हमारी भौगोलिक परिस्थितियाँ, नदी, वन, झरने, पुष्प, वृक्ष, पृथ्वी आदि जिनका मानवीय रचना से जुड़ाव है, सबकी आस्थावादी अवधारणा के साथ तादात्म्य एवं रक्षण। यह विश्व चेतनमय है और मैं चेतनमय प्राणी के रूप में समग्र विश्वमय हूँ। मैं और विश्व के इस महत्तम तादात्म्य की अवधारणा के आध्यात्मवाद से ईश्वरवादी चिन्तन का जिक्र हुआ। भारतीय जीवन का वानप्रस्थ एवं सन्यास द्वारा स्वयं उद्भूत आस्थावादी अध्यात्मवाद आज के भौतिक, स्वार्थवादी, वैयक्तिक, स्व-पर भाव पर केन्द्रित भोगवादी एवं उद्योगवादी पाश्चात्य जीवन के लिए अपने में एक चुनौती है। भारतीय संस्कृति का घटित 'रामराज्य' की अवधारणा की लोकतंत्रवाद या मार्क्सवादी शोषणविहीन समाज रचना अन्तिम निष्पत्ति दे पायेगी या नहीं। भारतीय साहित्य ने इस आध्यात्मिक मूल्यबोध को 'शान्ति रस' के माध्यम से उतारा, जो सम्भवतः कला जगत से कलात्मक मूल्यों की अतिशयता के कारण परिशिष्ट सूची में रख उठा था। भरत के नाट्यशास्त्र की सूची में शान्त रस नहीं था, हाँ निर्वेदादि भावों की सूचना अवश्य थी। किसी ने भरत के नाट्यशास्त्र में इस अंश को जोड़ दिया था कि "शान्तोऽपि नवमो रसः"। अर्थात्, भरत ने 'शान्त' रस नहीं माना था। भारतीय आध्यात्मिक निष्ठावादियों ने आचार्य भरत के नाट्यशास्त्र में यह प्रक्षेप जोड़ा था। **भरत** के नाट्यशास्त्र का प्राचीन पाठ इस प्रकार है—

शृंगारहास्यकरुणरौद्रवीरभयानकाः ।
वीभत्साद्भुतौ संज्ञौ चेत्यष्टौ नाट्येरसास्मृता।।

मूल्यवादी चेतना के आध्यात्मिक सन्दर्भों से जुड़े काव्यों के औचित्य को संगति प्रदान करने के लिए जोड़ा गया—

'शान्तोऽपि नवमो रसो।'

और आचार्य भरत कृत नाट्यशास्त्र के स्थायीभाव सूची के सन्दर्भ—''जुगुप्सा विस्मयश्चेति'' को इन प्रक्षेपकारों ने 'जुगुप्सा विस्मयो शमः' बना दिया अर्थात् इस 'शान्तिरस' का स्थायीभाव 'शम' है।

भारतीय वैराग्य, त्याग, मोक्षाकांक्षा, समाधिसुख, तृष्णाक्षय सुख, आनन्द आदि की व्याप्ति बौद्ध, शैव, वैष्णव, जैन आदि की सैद्धान्तिक विचारधाराओं में इतनी गहरी, तीव्र तथा व्यापक भावमयता से जुड़ी थी और इससे अनुप्राणित साहित्य इतना विस्तृत हो चुका कि शान्तरस के आठ स्वरूप और आठ प्रकार के वैशिष्ट्य से युक्त स्थायीभावों की स्थापना करनी पड़ी—

1. शान्त रस का वह स्वरूप जिसका स्थायीभाव अखण्डानन्द स्वरूप आत्मविषयक रति है। शंकराचार्य कृत आनन्दलहरी, सौन्दर्यलहरी, तुलसी कृत विनय-पत्रिका आदि कृतियाँ इसी सन्दर्भ में आती हैं।
2. जरामरणमय विकृत संसार के प्रति सशंकित को देखकर लोक की सत्यता का उपहास एक भिन्न प्रकार का शन्तिरस विषयक स्थायीभाव है।
3. जरामरणजन्य नश्वरता को देखकर उपजी करुणा की अनुभूति भी एक भिन्न शान्ति रस का वातावरण तैयार करती है।
4. आध्यत्मिक तत्त्वों के विधातक संदर्भों के प्रति क्षोभ।
5. ज्ञान, धर्म-नीति के प्रति उत्साह भाव।
6. शरीर के भोगों की अनित्यतता से उत्पन्न भय।
7. योगादिपरक जीवन से उत्पन्न वीभत्स भाव।
8. लोक के अनित्य सम्बन्धों में संशक्त जनों की काममयता के प्रति आश्चर्य।

अर्थात् रति, हास्य, करुण, क्षोभ, उत्साह, भय, निर्वेद, आश्चर्य, समस्त भावात्मक एवं रसात्मक जगत इस शान्तरस या आध्यात्मिक सन्दर्भों की लोकमयी व्याप्ति के आधार हैं।

यही नहीं, शान्तरस में सम्पूर्ण जगत के भावात्मक प्रपंच न केवल विलीन होते हैं, वरन् उसका उद्भव भी इन्हीं से होता है। **आचार्य अभिनवगुप्तपादाचार्य** शान्तरस को जिस प्रकार परिभाषित करते हैं, वह अद्वैतवेदान्तमूलक वृत्ति एवं शैवागम अद्वैतभाव से जुड़ी आध्यात्मिक चेतना दोनों पर समान रूप से लागू होती है। इसे इस रूप में रखा जा सकता है।

ज्ञान एवं आनन्दादि विशुद्ध धर्मों से संयुक्त लोकात्मक प्रपंचशून्य आत्मा का विशुद्ध प्रज्ञात्मक बोध ही शान्त रस का स्थायीभाव है।

शान्त रस का स्थायी भाव जहाँ राग, निर्वेद, तृष्णाक्षय सुखादि रहा है, वहाँ विशुद्ध प्रज्ञात्मक बोध तक पहुँचाना कविता को अद्वैत वेदान्त तक ले जाना है। भारतीय साहित्य में कैवल्यावली विलास परिणय, आनन्दलहरी, सौन्दर्यलहरी, गीतवीतराग कृतियाँ इसी परम्परा से सम्बद्ध हैं। भारतीय आध्यात्मिक कविता के विकास का यह एक विशिष्ट सोपान है, जहाँ शब्दार्थ संरचना आध्यात्मिक अनुभव का मुक्ति गान करती हैं।

भक्ति प्रवाह एवं मुक्त मंगलमयी समाज की रचना

भारतीय लोकजीवन से जुड़े आध्यात्मिक संस्कार से सम्बद्ध कविता के विकास का तीसरा चरण वह है, जहाँ भक्ति साहित्य हमारे सामने आया। इसके लिए पूर्व आध्यात्मिक एवं परम्परित पौराणिक परिवेश अधिक सहायक रहा। **कबीर** इस कविता की परिभाषा इस प्रकार करते हैं—

सोइ आखर सोई बयण जन जुजुवा चबंत।
कोइ एक मेलै लवति अमिय रसायन हंत।।

कविता शब्दार्थ है, एक शब्दार्थ वह है जिसका प्रयोग लोककवि करते हैं किन्तु भक्त उस शब्दार्थ में आध्यात्मिक प्रीतिरस (लवनिः लावण्य) जोड़ कर भक्त कविता बना देते हैं। इस प्रकार **कबीर** के अनुसार कविता की परिभाषा इस प्रकार बनती है—"आध्यात्मिक प्रीतिरस से संयुक्त शब्दार्थ ही कविता है।"

इसी प्रकार, गोस्वामी तुलसीदास कविता की परिभाषा बनाते हैं—

हृदय सिंधु मति सीप समाना। स्वाति सारदा कहहिं सुजाना।।
जौ बरसइ बरबरि विचारू। होंहिं कवित मुकता मनि चारू।।
जुगुति बेधि पुनि पोइहहिं रामचरित बर ताग।
पहिरहिं सज्जन बिमल उर सोभा अति अनुराग।

उनके अनुसार, "श्रीराम की अनुरागमयी संसक्ति से सिद्ध शब्दार्थ ही काव्य है।"

मधुसूदन सरस्वती ने ब्रह्मराग की वासना को भक्ति काव्य का हेतु बताया है तथा बल्लभाचार्य ने प्रभु के प्रति तन्मयी लीलासक्ति से युक्त शब्दार्थ को भक्तिकाव्य कहा है।

भक्तिकाव्य के मन्तव्यों से स्पष्ट है कि भक्ति कविता समग्र जीवन के संस्कारों को उनके नैसर्गिक वासनात्मक प्रवाह के द्वारा रूपान्तरित करके जीवन तथा अध्यात्म के बीच अभेद स्थापित करते हैं। 'दास, सखा, वात्सल्य एवं रति' भाव जो लोक जीवन के सामाजिक एवं वैयक्तिक संस्कार है, उनसे जुड़ी भावनाओं का ये कवि प्रभु की लीला में विलीनकरण करके सम्पूर्ण मानव जीवन की एषणा को भक्ति काव्य से जोड़ते हैं। भारतीय आध्यात्मिक कविता के विकास का यह तीसरा और अन्तिम सोपान है। इस कविता की केन्द्रीय चेतना वासना है और इस वासना को प्रभु से

जोड़कर उनका उदात्तीकरण करना फिर सारी कविता को उस पर आश्रित कर देना, इनका अपना सृजन कौशल है। दास्य, सत्य, वात्सल्य एवं रतिभाव क्रमशः सान्द्र होते जाते हैं। मानवीय भावनात्मक का चरम रतिभाव में देखा जाता है, जिसका आधार 'प्रेम' है। भक्तों की प्रेम कविता का पक्ष भावनात्मकता की दृष्टि से बड़ा प्रबल है। सगुण भक्ति काव्य में यही लीलाकाव्य बन जाता है तो निर्गुण भक्ति के ब्रह्मराग से जुड़ने पर यही रहस्यवाद है। शास्त्रीय काव्य चेतना के साथ जुड़कर शृंगार रस बनता है तो सामाजिक स्वच्छन्दता के साथ ही यही 'रोमांटिक काव्य' बन जाता है। हिन्दी साहित्य के रीतिकाल तक नैतिक रूप से व्यवस्थित सामाजिक रचना के साथ यह 'शृंगार काव्य' तक सीमित रहा किन्तु भारतीय जीवन में पश्चिमी आधुनिकता के प्रवेश से रोमानियत तथा हालावादी काव्य का आधार यही प्रेम बना। भारतीय आध्यात्मिक चेतन के चरमशीर्ष पर यह कविता लीला विलासमयी प्रेमकाव्य, निर्गुण ब्रह्म के प्रति आध्यात्मिक प्रीतिरस से संयुक्त अद्वैत चेतनामयी रागात्मक भक्ति चेतना से समन्वित 'प्रेमानन्द' की कविता निगुर्ण सन्तों में दिखाई पड़ती है, जिसे भ्रमवश रहस्यवादी काव्य कहा गया। जायसी जैसे कवियों ने इसी को प्रेम प्रतीकवादी भक्ति संसक्ति के नाम से पुकारा। इन सम्पूर्ण कविताओं का पश्चिम की रहस्यवादी कविता से अन्तर यह है कि यह सारा-का-सारा प्रतिबद्ध साहित्य का विषय है। इस भावना तक पहुँचने के लिए जीवन की व्यावहारिकता के साथ 'लोककल्याणवृत्ति' को जोड़ना पड़ता है। आचरण, व्यवहार लोककल्याण तथा आध्यात्मिक चेतना के समग्र सन्दर्भ-साधना पद्धति से जुड़े होने के कारण इनकी आनन्दमयी अभिव्यक्ति केवल दिखाने के लिए नहीं रहती। पश्चिमी रोमैंटिसिज़्म एवं रहस्यवाद केवल एक काल्पनिक अनुभूति का शब्दान्तरण मात्र हैं। भारतीय कविता का यह सन्दर्भ अनुभूति की गहनता तथा यथार्थ का अद्‌भुत संगम है, जो शायद कहीं विश्व में अन्यत्र मिले।

भारतीय कविता को परिभाषित करने के लिए सामान्यतया आचार्य भामह से शुरुआत की जाती है, और कुछ आगे बढ़ें तो आचार्य भरत से। किन्तु इन दोनों आचार्यों से आगे चलकर हम जब 'वाल्मीकि रामायण' को देखते हैं तो वह शास्त्रीय कविता जैसे अपना रास्ता बदले हुए दूसरी तरफ मुड़ जाती है। आगे चलकर, अश्वघोष के सौन्दरनन्द तथा बुद्धचरित को देखते हैं तो कविता का मानक 'रघुवंशम्' से बदला हुआ दिखता है। इस प्रकार, स्पष्ट रूप से कहा जा सकता है कि भारतीय प्रतिबद्ध कविता दण्डी, भामह, वामन से भिन्न लोकमंगल की प्रतिबद्धता से सम्बन्धित काव्य परम्परा है और शास्त्रवाद एकदम भिन्न है। वाल्मीकि रामायण की ही परम्परा में रावणवध या पौलास्त्यवध काव्य की परम्परा मिलती है। जय, भारत एवं महाभारत भी दण्डी, भामह एवं वामन की परम्परा से सम्बद्ध नहीं है।

अतः भारतीय कविता को परिभाषित तथा विवेचित करने का दृष्टिकोण हमें बदलना पड़ेगा। यह सच है कि यहाँ हजारों-हजारों वर्षों तक कलावादी कविता की धूम रही है किन्तु लोकमंगल से प्रतिबद्ध मानवीय कविता भी यहाँ बराबर अनवरत्

भाव से चलती रही है। इसलिए भारतीय कविता को परिभाषित करने की दिशा में किया गया प्रयास बिना दोनों का समन्वय किए सम्भव नहीं होगा। हिन्दी साहित्य में प्रतिबद्ध कविता का चरम विकास उसके भक्तिकाल में एवं शास्त्रवाद का शीर्ष हिन्दी के रीतिकाल में दिखायी पड़ता है।

अतः भारतीय कविता को परिभाषित करने, उसके प्रति आम सहमति के दृष्टिकोण की स्थापना एवं सैद्धान्तिक मूल्यों तथा मानों का निराकरण बिना दोनों परम्पराओं को समन्वित किये बिना सर्वथा एकांगी होगा।

□□□

सर्जक, पाठक और भावक (आलोचक)

यह समस्या भारतीय साहित्य में प्रारम्भ से ही उठायी जाती रही है कि कवि और भावक (श्रोता, सामाजिक नाट्य के अन्तर्गत दर्शक, रसयिता, सहृदय, काव्य का पाठक आदि) दोनों के बीच क्या सम्बन्ध है? भावक एक कदम और आगे जाकर आलोचक बन जाता है अर्थात् कवि अपनी कारयित्री प्रतिभा के बल पर सृजन कर जिस अभिप्राय को स्थापित करता है, भावक अपनी भावयित्री प्रतिभा के बल पर उस अभिप्राय का निर्मल दर्पण बिम्बवत् दर्शन तथा उसका भरपूर आस्वादन करता है और उसके एक कदम आगे जाकर अपनी भावयित्री प्रतिभा तथा विश्लेषण सामर्थ्य के द्वारा आलोचक बनकर विश्लेषण भी करता है। रसास्वादन की प्रक्रिया भावक की है किन्तु उसके एक कदम आगे जाकर विश्लेषण का दायित्व आलोचक का है। यदि हम आलोचना के लिए कहना चाहें तो कह सकते हैं कि सर्जन के सम्पर्क में आये पाठक, श्रोता या आलोचक का वह धर्म है, जिसके कारण अर्थानुभूति एवं बोध के बाद उसमें कृति के विश्लेषण के लिए एक प्रकार की बेचैनी दिखायी पड़ती है।

भारतीय साहित्य में सर्जक एवं सहृदय (भावक या पाठक) के बीच विशेष अन्तर नहीं किया गया है। सर्जक की प्रतिभा कारयित्री बतायी गयी है और सहृदय की भावयित्री। जिस चित्तासन्नता की स्थिति में सर्जक विषयवस्तु का समाधिगत दर्शन करता है, पाठक उसी निर्मिति को पुनः अपनी समाधि में लाकर काव्य के अध्ययन, अनुशीलन तथा अभ्यास की सामर्थ्य के आधार पर उसका पुनः आत्मसाक्षात्कार करता है। उसका कार्य साक्षात्कार ही नहीं है, वह सर्जक द्वारा रची गई सारी बारीकियों को अपनी विलक्षण कुशलता के कारण तुरन्त समझ लेता है। भारतीय काव्यशास्त्र में उन दोनों के बीच केवल इतना ही अन्तर बताया गया है कि एक की प्रतिभा कारयित्री है तो दूसरे की भावयित्री। सर्जक सृजन करता है तो सहृदय उसका भावन।

भारतीय साहित्यशास्त्र में एक समस्या शास्त्रवाद की है। भारतीय काव्यशास्त्र सैद्धान्तिक समीक्षा से थोड़ा हटकर है, सैद्धान्तिक समीक्षा सृजन के मानवों को पकड़ कर उसका वह सैद्धान्तिकरण करती है किन्तु काव्यशास्त्र सृजन के मानकों का अन्वेषण है। तटस्थ, वस्तुगत तथा निरपेक्ष सैद्धान्तिक मूल्यों की तलाश जो सर्जक के लिए नायक हो सकते हैं तथा विश्लेषण के लिए भी आधार हैं। सामान्यतया उसी को काव्यशास्त्र या साहित्यशास्त्र या साहित्यविद्या के नाम से पुकारा गया है। जिस प्रकार कवि अपनी प्रतिभा के सहज स्फुरण एवं विकास के लिए सम्पूर्ण शास्त्रों, विद्याओं, कविगोष्ठियों आदि के निरन्तर सम्पर्क में रहता है, ठीक उससे अधिक

सजग सहृदय रहता है। सहृदय कवि परम्परा से साक्षात्कार करता हुआ सम्पूर्ण काव्यशास्त्र की विदग्धताओं से परिचित है और काव्य का श्रवण एवं अध्ययन करने के बाद काव्यशास्त्र के विविध पक्षों का उपयोग सृजन की विशिष्टता के विवेचन के लिए करता है। भारतीय साहित्यशस्त्र में इसे श्रोता, पाठक, सहृदय कहा जाता है तथा उसका दायित्व मूलतः काव्यशास्त्र तक है। इस आस्वादन के साथ वह सृजन के अन्तर्विश्लेषण के माध्यम से अपनी प्रतिक्रियाएँ देता है।

भारतीय काव्य प्रक्रिया में पश्चिम का आलोचक (Critic) इस रूप में नहीं मिलता। काव्य पाठ और उसका श्रवण यह प्रारम्भिक प्रक्रिया है, फिर अध्ययन की प्रक्रिया बाद में आती है।

भारतीय साहित्य में लगभग आठवीं शती से साहित्यिक कविता की टीका-लेखन परम्परा का विकास हुआ। इस टीका लेखन में दो तत्त्वों का प्रयोग होता था। प्रथम, पारम्परित शास्त्र ज्ञान तथा द्वितीय, टीकाकार की सर्जक प्रतिभा। प्रायः टीकाकार सृजित एवं शास्त्र दोनों का विवेचन करता था। टीकाकारों में मल्लिनाथ तथा अभिनवगुप्तपादाचार्य के नाम विशिष्ट रूप से उल्लिखित हैं। सर्जक के सृजन कौशल को इंगित करना इनका मूल मन्तव्य था और दृष्टि शास्त्र सापेक्ष्य थी।

पश्चिम की आलोचना प्रणाली ठीक इस परम्परा से भिन्न है। आलोचक काव्य के शब्दार्थ रचना विलास, सर्जक द्वारा गढ़ी गयी वस्तु व्यवस्था तथा सामाजिक मूल्यों की अन्तर्मिश्रित सृष्टि इन सबका अपनी प्रतिभा तथा कल्पना द्वारा विश्लेषण करता है। संस्कृत साहित्य में भावक केवल काव्य का श्रोता, आस्वादन कर्त्ता एवं शास्त्रदृष्टि के बीच कृति का निरीक्षक होता है किन्तु पश्चिमी साहित्य का आलोचक अपनी कल्पना तथा प्रतिभा शक्ति से कवि के मन्तव्य के एक स्वरूप का निर्माण करता है, सर्जक जैसा।

भारतीय चिन्तन में काव्य-सृजन प्रारम्भ की प्राचीन स्थिति है, शास्त्र का सन्दर्भ बाद का है। वाल्मीकि रामायण के पूर्व कुशीलव नामक चारण जातियाँ रामकथा रचती और गाती थीं। सूत एवं व्यास इसी काव्य परम्परा से सम्बद्ध है। महाभारत में कथा आती है, धृतराष्ट्र महाभारत की सम्पूर्ण घटित कथा 'आखों देखी' जैसी सुनना चाहते थे। व्यास ने सूत को दिव्यदृष्टि प्रदान की और कहा कि जन्मान्ध धृतराष्ट्र को तुम उनके कक्ष में दिव्यदृष्टि द्वारा महाभारत के घटित युद्ध को प्रत्यक्षतः देखकर यथावत् सुनाओगे। कथा का यह प्रतीक कवि दर्शक की चित्तासन्नता की समाधि प्रक्रिया की पुष्टि करता है। भारतीय साहित्य में शास्त्र में मूलतः आलोचक नहीं 'भावक' की कल्पना है। भावक के विषय की अवधारणा इस प्रकार की है—

भावक तथा आलोचक

भारतीय साहित्य परिवेश में पाठक, काव्यश्रोता तथा भावक में अन्तर किया जाता रहा है। नाट्यशास्त्र में जिसे सामाजिक कहा गया वही आगे चलकर सहृदय

हुआ। उसी के लिए सचेतस् शब्द का भी व्यवहार किया जाने लगा। भारतीय कविता की परम्परा पाठ्य थी अतः यहाँ श्रोता (भावक) ही सर्वाधिक महत्त्वपूर्ण था। पश्चिम में प्रिण्टमीडिया के कारण यह भावक, सामाजिक, सहृदय, सचेतस् तथा आलोचक (Critic) माना गया।

सहृदय के विषय में कहा गया है कि काव्य के अध्ययन, अनुशीलन, अभ्यास से जिसकी प्रज्ञा विकसित हो उठी है, वह सहृदय है। यह सहृदय ही काव्य का रसिक है।

राजशेखर ने काव्यमीमांसा में 'भावक' पक्ष का विस्तारपूर्वक वर्णन किया है। उनके अनुसार प्रतिभा दो प्रकार की हैं, कारयित्री तथा भावयित्री। कारयित्री प्रतिभा की समार्थ्य से ही सर्जक कृतित्व का सृजन करता है किन्तु दूसरी ओर कवि के सृजन एवं भाव व्यापार का हृदय में साक्षात्कार करने वाला पाठक या श्रोता भावक है जिसे 'भावयित्री प्रतिभा' का प्रतिफल कहा गया है। **राजशेखर** काव्यमीमांसा में इसे स्पष्ट करते हुए कहते हैं कि—

''भावकस्योपकुर्वाणा भावयित्री। स हि कवेः श्रमभिप्रायं च भावयति। तथा खलु फलितः कवेर्व्यापारतरुरन्यथा सोऽवकेशो स्यात्।''

भावयित्री प्रतिभा भावक का उपकार करती है, अतः उसका नाम भावयित्री है। यह कवि के श्रम तथा अभिप्राय को पूर्ण करती है। यह प्रतिभा कवि की कविता लता को फलवती बनाती है। इसके बिना कविता निष्फल रह जाती है।

भावक तथा सर्जक के पक्षों को स्पष्ट करते हुए **राजशेखर** ने एक श्लोक प्रस्तुत किया है, वह इस प्रकार है—

कश्चिद्वाचं रचयितुं अलं श्रोतुमेवाऽपरस्तां,
कल्याणी ते मतिरुभययथा विस्मयं नस्तनोति।
नध्येकस्मिन्नतिशयतां सन्निपातो गुणना-
मेकः सूते कमकमुपलस्तत्परीक्षाक्षमोऽन्यः॥

कोई तो वाणी (कविता) की रचना करने में निपुण है और कोई उसके सुनने में ही प्रवीण है। दोनों प्रकार की बुद्धि आश्चर्यजनक है। एक में ही अनेक गुणों का समन्वय कठिन है अर्थात् भावक न सर्जक हो सकता है और न सर्जक भावक। एक पत्थर शिला सुवर्ण उत्पन्न करती है तो दूसरी शिला कसौटी बनकर उसकी परीक्षा करती है—हैं दोनों पत्थर ही। इस प्रकार, प्रतिभा एक है, कार्य भिन्न-भिन्न हैं।

भारतीय परम्परा में आलोचक (भावक) एवं कवि अर्थात् सर्जक के कार्यों में भिन्नता प्रतिपादित है, उनकी पारस्परिक समार्थ्य में कहीं कोई अन्तर नहीं है। काव्य के मर्मज्ञ को सर्जक की ही कोटि में रखा गया है।

भारतीय काव्यशास्त्र के अन्तर्गत भावक की चार कोटियाँ बतायी गयी हैं—

1. **अरोचकी**—इन आलोचकों को किसी की भी रचना अच्छी नहीं लगती। या तो अपनी आदत या स्वभाववश किसी की प्रशंसा करने में संकोच करते हैं या

कतिपय आलोचक इतने ज्ञानवान् होते हैं कि उनके समक्ष प्रस्तुत काव्य रचनाएँ उन्हें सामान्य प्रतीत होती हैं।

2. **सतृणाम्यवहारी**—वे जो किसी कृति के अच्छे-बुरे पक्षों पर विचार न करके सर्वत्र 'वाह-वाह' करते रहते हैं।
3. **मत्सरी**—ऐसे भावक या आलोचक जो श्रेष्ठ कृतियों से निरन्तर ईर्ष्या करते हुए उसके दोषों का प्रदर्शन करके उसकी निन्दा करते रहते हैं।
4. **तत्त्वाभिनिवेशी**—जो कृति के मूल्यों, मानकों एवं सौन्दर्यपरक मानों को आत्मसात् करते हुए निष्पक्ष पूरी रोचकता के साथ व्याख्या करते रहते हैं। इन तत्त्वाभिनिवेशी आलोचक की विशेषता **राजशेखर** एक श्लोक द्वारा कहते हैं—

गुण दानपरः कश्चिद्दोषादानपरोऽपरः।
गुणदोषहृतित्याग परः कश्चन भावकः॥

इस प्रकार, रसज्ञता श्रेष्ठ आलोचक या भावक की मूल पहचान है। यही भावक ही आज के युग में भी कुशल आलोचक बनता है।

ईसा पूर्व प्रथम शती 'भरत के नाट्यशास्त्र' से जुड़ता है। भारतीय कविता का इतिहास ईसा पूर्व एक हजार वर्ष से भी प्राचीन है।

ठीक इसी प्रकार पश्चिमी कविता का सन्दर्भ है। कहा जाता है कि प्लेटो स्वयं नैतिक शिक्षा के उत्कर्ष के लिए जन समूह के बीच 'इलिएड एवं ओडेसी' जैसी महागाथाओं का गायन किया करते थे। वहाँ भी, शास्त्रदृष्टि सृजन के बाद ही निकसित हुई है। पश्चिमी जीवन शैली भारतीय जीवन शैली से भिन्न रही है। पश्चिमी में कविता के आस्वादन तथा विश्लेषण—दोनों का सन्दर्भ था जिसके फलस्वरूप वहाँ आलोचक जन्मा किन्तु भारत में 'कविता तथा आस्वादन' या उसकी परीक्षा का सन्दर्भ था जिसके फलस्वरूप यहाँ सहृदय तथा शास्त्रकार का जन्म हुआ। पश्चिमी साहित्य में प्रारम्भ में आज जैसा आलोचक सन्दर्भ नहीं था, उसका विकास तो चौदहवीं शती के बाद हुआ है। आज तो आलोचक के विषय में यह अवधारणा बन चुकी है कि यदि कवि वस्तुविषय का सृजन करता है तो आलोचक उस सृजित कविता के पाठ का पुनर्सृजन करके सामने लाता है। वह भी कवि के ही सदृश एक सर्जक है। काव्य पाठ के सन्दर्भ में भी उसका कार्य भावयित्री प्रतिभाशील कवि की भाँति उसकी कारयित्री प्रतिभा से सम्बद्ध है और इस सन्दर्भ में वह स्वयं कवि समतुल्य है।

जैसा कि कहा गया है, भारतीय चिन्तन में भावक-पाठक को **चार** भागों में बाँटा है—(1) अरोचिकी (2) सतृणाम्यवहारी (3) मत्सरी (4) तत्त्वाभिनिवेशी।

पहले अरोचिकी पाठक या सहृदय ऐसे हैं, जिन्हें अच्छी-अच्छी रचनाएँ भी अच्छी नहीं लगतीं और ठीक उसके विपरीत सतृणम्यवहारी अच्छी-बुरी का विवेक न

करके सभी की प्रशंसा में जुट जाते हैं। मत्सरी आलोचक किसी कवि के पक्षधर होते हैं तो किसी के विरोधी, उन्हें रचना की श्रेष्ठता से कुछ लेना-देना नहीं है। इन तीनों से श्रेष्ठ तत्त्वाभिनिवेशी है। **राजशेखर** ने इस सहृदय पाठक रूप आलोचक की विशेषता बताते हुए कहा है कि—

शब्दानां विविनक्ति गुम्फनविधीनामोदते सूक्तिभिः।
सान्द्रं लोढि रसामृतं विचिनुते तात्पार्यमुद्रां च यः।
पुण्यै संघटते विवेक्तृविरहादनर्तमुखं ताम्यतां
केषामेव कदाचिदेव सुधियां काव्यश्रमज्ञो जनः।।

"सच्चे आलोचक सहृदय के अभाव में हृदय में अत्यन्त दुःखित होते हुए किसी कवि को बड़े ही पुण्य प्रभाव से काव्य रचना के परिश्रम को जानने वाला विद्वान आलोचक (सहृदय) प्राप्त होता है, जो शब्दों की रचनाविधि का भलीभाँति विवेचन करता है, सूक्ति की अनोखी सूझों से आह्लादित होता है। काव्य के सघन रसामृत का पान करता है और रचना के गूढ़ तात्पर्य को ढूँढ़ निकालता है।[1]

सामान्यतया आलोचक भी अपने कर्म का प्रारम्भ यहीं से करता है—(क) शब्दों की रचनाविधि की बारीकी से समझ (ख) कवि की कल्पनाशक्ति से सृजित सूझ को समझकर उसके कौशल पर आनन्दित होना (ग) काव्य से अभिव्यक्त का आस्वादन तथा रचना के गूढ़ तात्पर्य के अन्वेषण से चमत्कृत करना भारतीय आलोचक के ये तीन धर्म बताए गये हैं।

इसी के साथ इस आलोचक (सहृदय) की तटस्थता पर विशेष ध्यान रखा गया है। आलोचक कवि का मित्र, गुरु, शिष्य एवं स्वामी न हो, अन्यथा उसकी तटस्थता बाधित होगी।

भारतीय चिन्तकों ने ऐसे सहृदय आलोचकों को दुर्लभ बताया है।

भारतीय वाङ्मय में सहृदय आलोचक के जो गुण बताये गये हैं, पश्चिमी आलोचना को वे स्वीकार हैं किन्तु वहाँ और कुछ भी है।

सामान्य रूप से एक महत्त्वपूर्ण अवधारणा यह बनती है कि कवि के चित्त बोध में सृजन के पूर्व जो काल्पनिक स्वप्न वृत्त बनते हैं, वह सृजन कर्म द्वारा अपने दीप्त कौशल, अन्तःसंस्कार, प्रतिभा, अभ्यास, व्युत्पन्नता द्वारा रचता है। आलोचक अपने आलोचना कर्म में प्रवृत्त होने के लिए प्रथम चरण पर कवि के शब्दों, अर्थों, संरचना, मूल्यों तथा मन्तव्यों, विषयवस्तु आदि के द्वारा स्वयं भी उसका आत्मसाक्षात्कार करना चाहता है। इन सबके द्वारा कवि की समाधि दशा की चित्तासन्नता का आत्मसाक्षात्कार ही आलोचक का विभावन व्यापार है। वह अपने आलोच्य कार्य द्वारा पाठक को सर्जक की सृजनविषयक सभी निष्पत्तियों से आत्मसाक्षात्कार कराना चाहता है। इसी सैद्धान्तिक समीक्षा की क्रोड से फिर व्यावहारिक समीक्षा का जन्म

1. काव्यमीमांसा—राजशेखर—अनुवादक पं० केदारनाथ शर्मा, पृ० 35

होता है। व्यावहारिक समीक्षा तक पहुँचने के लिए सैद्धान्तिक समीक्षा का बोध एक अनिवार्यता है।

जैसा कि ऊपर निर्दिष्ट है, सैद्धान्तिक समीक्षा के सूत्र सर्जक के मन में सृजन के क्षण उस सृजन सापेक्ष्य क्षण में उपजते हैं और आलोचक अपनी अन्तरंग क्षमता के आधार पर उनसे साक्षात्कार करता है। यह साक्षात्कार जितना प्रगाढ़ होगा सृजन का सैद्धान्तिक सन्दर्भ उतना ही व्यापक होता जाता है। इसे एक उदाहरण द्वारा समझाया जा सकता है। एक ऋषि ने एक साधक से पूछा, ब्रह्म क्या है? उसने थोड़ा समय माँगा और आत्मदर्शन के पश्चात् उसने उत्तर दिया—अन्न ही ब्रह्म है। ऋषि ने फिर आदेश दिया आगे अभी और साधना करो, फिर बताना कुछ दिन बाद उसने बताया प्राण ही ब्रह्म है। फिर अन्त में, लम्बी आत्मसाक्षात्कारात्मक साधना के बाद कहा आत्मभूतचैतन्य ही ब्रह्म है।

सृज़न का संसार भी इस लोकात्मक संसार से कम रहस्यपूर्ण नहीं है। कविता या साहित्यसृजन भाषा की प्रतीकात्मक रहस्यमयी अभिव्यक्ति है और उसमें निहितार्थ की परतें अपने में अनेकानेक अभिप्राय की सम्भावनाओं को लपेटे रहती हैं। एक सृजन के कितने पार्श्व हैं, भाषिक संरचना, अर्थ की गम्भीरतामयी बहु-आयामी भंगिमाएँ, सर्जक की रुचि, अभिप्राय, भंगिमाओं को इंगित करने की प्रणालियाँ, संस्कार बोध, विश्वास एवं मन्तव्य, लोक एवं जीवन की पुनर्सृजित प्रतीतियाँ, वैचारिकता तथा मूल्याग्रह—और न जाने क्या-क्या सर्जक की भाषिक कलात्मक प्रस्तुति को रहस्यमयी बना देती है। ब्रह्म साधना में लीन तपस्वी जैसे आलोचक के लिए एक बार में किसी कालजयी कृति के कलात्मक, मूल्य एवं संवेगपरक निर्णय के विषय में अन्तिम सत्य के रूप से आकस्मिक निर्णय लेना सम्भव नहीं है, ठीक यही स्थिति कृति की व्यावहारिक समीक्षा के सन्दर्भ की भी है। वह कालानुसार किसी सृजन की अर्थ सिद्धि की आलोचना की प्राप्ति है। वह सृजन के सन्दर्भों से जितनी अन्तरंगता भावन व्यापार के क्षण स्थापित करने में समर्थ है, उसकी प्रस्तुति तथा विश्लेषण करता है और व्यावहारिक समीक्षा के विश्लेषण का यह क्षण निरन्तर बढ़ता जाता है। गोस्वामी तुलसीदास के रामचरितमानस की व्याख्या की एक सीमाएँ आचार्य रामचंद्र शुक्ल में देखी जाती है, दूसरी डॉ० उदयभानु सिंह में और तीसरी रूसी विद्वान वरान्निकोव में। तीनों में उभयनिष्ठ सन्दर्भ कम तथा भिन्नता के सन्दर्भ पृथक् हैं और ये परस्पर विरोधी भी नहीं है—और अपने विवेचन में असंगत भी नहीं हैं। आगे की व्यख्याओं में समाहार एवं भिन्नता (कविसृजन व्याप्ति) का विकल्प चलता रहता है। आलोचक का भावन व्यापार और उसके प्रकाश में कृति से उसकी अन्तरंगता और कृति का विश्लेषण क्रमशः कवि के सृजन कर्म से ही जुड़ी व्यवस्था है।

संस्कार, काल एवं परिवेश से सर्जक का सृजन कर्म कभी मुक्त नहीं होता। सर्जक कभी देशकाल परिवेश के बदलाव से अछूता नहीं रहता। कालजयी तथा कालातीत मानी जाती हुई कृतियाँ काल में बँधी दिखायी पड़ती है। मानवीय सभ्यता,

चिन्तन, संस्कार, परिवेश, अभिव्यक्ति एवं भाषिक आदान-प्रदान की शैलियाँ सदैव बदलती रहती हैं। साहित्य में भी इसी दृष्टि से 'परम्परा एवं प्रयोग' का प्रश्न उठाया जाता रहा है, आज से नहीं बहुत पहले से। कलिदास ने 'पुराणमित्थं न साधु सर्वम्' प्राचीन प्रयोग है, इसलिए वह स्वीकार्य है। नया प्रयोग इसलिए अस्वीकार है कि नया है। यह प्रश्न सैद्धन्तिक समीक्षा के क्षेत्र में कोई नया नहीं है। सर्जक के युगीन सामाजिक एवं प्रचलन में वर्तमान सर्जनात्मक संस्कार उसके सृजन की अन्तरंगता से जुड़ते हैं और यह उसमें अपनी प्रतिभा तथा समझ के आधार पर कुछ नया रचने के प्रति उसे आग्रही बनाते हैं।

सामान्यतया कालजयी कृतियों के सन्दर्भ में यह कहा जाता है उसके अर्थों की सम्भावनाएँ निरन्तर बनी रहती है। यहाँ स्पष्टता-अस्पष्टता का मन्तव्य है। कालिदास कृत 'रघुवंशम्', तुलसी कृत 'रामचरितमानस', निराला कृत 'राम की शक्तिपूजा' जैसी कृतियाँ काल के संस्कार से दबती नहीं हैं, किन्तु विचार करने पर ऐसी भी कृतियाँ अपने सामाजिक परिवेश, सृजन के संस्कारों तथा रुचियों के सामूहिक बदलाव के बाद मन्द होती जाती हैं। कालिदास की उपमाओं का आज युग नहीं है। दशरथ का यमकपूर्वक वर्णन वृत्तान्त अन्य सर्गों मे श्लेषमयता तथा चित्त को चमत्कृत करने वाले रूपक विधान आज की सामाजिक रुचि के अनुकूल नहीं है। कथा तथा उसकी प्रस्तुति के तरीकों को भी आज के परिवेश में पाठक शायद उतना सार्थक न माने जो आज मान्य है। ठीक यही स्थिति श्रीरामचरितमानस की भी है। आज भौतिकतावादी मूल्यों के संक्रमण में सुख-साधनों के लिए लालायित जनता की चित्तवृत्ति थोड़ी देर के साहित्यिक सृजन में सम्बद्ध-असम्बद्ध मूल्यों की सत्ता उसे निरन्तरता से जोड़ती है लेकिन अधिक देर तक नहीं।

भक्ति, अन्धास्था, आदर्श के प्रति भैतिक मूल्यों का सर्वथा त्याग, क्या आज के अत्याधुनिक संस्कारों के अनुकूल हमें अपनी ओर खींच पायेंगे। यही स्थिति, राम की शक्तिपूजा की है। आज का हताश एवं सर्वथा निराश व्यक्ति शक्ति साधनों के संचय के प्रति होड़ लगाए हुए है। यह मानव जाति की सनातन आकांक्षा नहीं हो सकती किन्तु एक प्रतिनिधि आकांक्षा अवश्य है। वर्तमान का अतीत से और अतीत का वर्तमान से ऐतिहासिक तालमेल सम्भव है किन्तु दोनों संस्कार एक नहीं हो सकते। मानव अपनी विकास यात्रा में अपने सांस्कारिक स्मृति चिह्नों को छोड़ती चलती हैं। इसीलिए, समालोचना के मानदण्ड एवं सृजन की कलात्मक विवृत्तियाँ निरन्तर परिवर्तित होती रहती हैं। जीवन में बाहरी बदलाव तो शीघ्रातिशीघ्र होते चलते हैं किन्तु सांसारिक बदलाव काल से प्रतिबद्ध है। सामाजिक मूल्यों तथा मानों की स्थिरता एवं समाज की रुचि तथा चिन्तनधारा का बदलाव आम आदमी की प्रकृति एवं भंगिमा में परिवर्तन लाता रहता है। हिन्दी जाति की संस्कृति में यह बदलाव प्रारम्भ में धीरे-धीरे घटित हुआ। आदिकालीन हिन्दी जाति से जुड़ा समाज, भक्तिकालीन हिन्दी जाति, रीतिकाल से जुड़ी जाति की रुचियों तथा आकांक्षाओं के परिवर्तन में

समय का लम्बा अन्तराल दिखायी पड़ता है किन्तु आधुनिक काल में सामाजिक परिवर्तनों की संक्रमणशीलता में बड़ी त्वरा दिखायी पड़ती है। भारतेन्दु युग, द्विवेदी युग, छायावाद, प्रयोगवाद एवं समसामयिक हिन्दी जाति की भावना का परिवर्तन जितनी शीघ्रता से घटित हुआ, वह नवीन समाज रचना तथा मानव मूल्यों के इतिहास में एक बेजोड़ तथा बेमिसाल तथ्य है। इतिहास एवं वर्तमान, आधुनिक और समसामयिकता एवं भोगा जाता हुआ यथार्थ इस यथार्थ का भोक्ता समाज और 'मैं'—मेरे द्वारा भोगा जाता हुआ वर्तमान क्षण—इसके प्रति आज की सामाजिक सजगता सांस्कारिक परिवर्तन की व्यवस्था की मूल दृष्टि है। मूल्यों एवं मानों की स्थिरता तथा सनातना का प्रश्न आज एकदम पुराना प्रश्न जैसा हो उठा है।

इसके होते हुए भी सृजित भाषिक या उन माध्यमों से प्रस्तुत कलाओं में निहित मन्तव्यों के विषय में अन्तिम निष्कर्ष निकालना कभी सम्भव नहीं रहा है। कहा गया है, यदि जीवन साहित्य को समृद्ध करता है तो आलोचना सहित्य को, क्योंकि आलोचक का प्रयास भी इन चिन्तकों के अनुसार एक सर्जक का है। 'रघुवंश' आज भी सार्थक है क्योंकि वह अन्ततया काल एवं नियति के उस प्रश्न का उत्तर देता है, जिसका हमारे पास न उत्तर था, न है और न रहेगा और आलोचक आज भी इसके साथ अपनी सार्थकता व्यंजित करता है। रामचरितमानस एक काल विशेष के बाद आज भी अर्थवान् है क्योंकि मानस रोग से पीड़ित मानव जाति की व्यथा मुक्ति का काव्य है। निराला की 'शक्तिपूजा' का यह प्रश्न निरन्तर सार्थक बना रहेगा, कि परिस्थितियों से हार कर मन्तव्य को पाने के लिए अन्ततया व्यक्ति को शक्ति का आश्रय लेना होगा। सैद्धान्तिक समीक्षा के सन्दर्भ में सर्जक के मन्तव्यों से अन्तिम साक्षात्कार और पुनः व्यावहारिक समीक्षा के रूप में उसकी की गयी परिणतियाँ अन्तिम सत्य नहीं है। सैद्धान्तिक समीक्षा को यह मानकर चलना पड़ेगा कि सृजन के जो माध्यमों से समझा जा रहा है, उनसे भाषा आदि माध्यमों को अन्तिम सत्य मानकर उनके मन्तव्यों की व्याख्या की जा रही है। वह समझ एवं व्याख्या दोनों कृति के सांकेतिक मन्तव्यों से सम्बद्ध हैं। भाषा को माध्यम बनाकर प्रस्तुत नाट्य, कविता, कहानी, उपन्यास आदि के मन्तव्य एवं भाषिक प्रस्तुति ज्ञात एवं अज्ञात प्रतीकों के द्वन्द्व से रचे जाते हैं। विशेष रूप से काव्य प्रक्रिया तथा भाषिक सर्जना अज्ञात तथा प्रतीकात्मकता दोनों माध्यमों से जुड़े कालान्तराल में निरन्तर विस्तार पाते रहते हैं। उनके इस अर्थ विस्तार की प्रकृति का स्वरूप सर्जनात्मक जैसा ही है क्योंकि भावक अपने आलोचक व्यक्तित्व की प्रतिभा तथा सम्बद्ध कल्पना सामर्थ्य का भरपूर उपयोग करता है।

सर्जक और आलोचक के बीच केवल 'कार्यकारण' जैसा सम्बन्ध नहीं है। सर्जक के सामने प्रश्न है, अपनी अनुभूति की 'परिपक्व अभिव्यक्ति' का। इस परिपक्वता के लिए प्रतिभा के साथ-साथ भोगे हुए सत्यों की गहराई एवं प्रस्तुति की भाषिक सामर्थ्य अनिवार्यता है। कभी-कभी आत्ममुग्धता की मनोदशा में सर्जक अपने

सृजन को पूर्ण मान बैठता है। आलोचक की विशिष्टता उसकी समझ की व्याप्ति है, वह केवल जो कुछ लिखा गया है, उसका मूल्यांकन ही नहीं करता अपितु काल, परिवेश तथा परम्परा के औचित्य में उसकी सार्थकता का परीक्षण भी करता है। सर्जक का सन्तुलन सृजन की रचना-प्रक्रिया से सम्बद्ध है तो आलोचक का सन्तुलन काल परिवेश एवं परम्परा के सापेक्ष्य में उसके औचित्य के परीक्षण से है। 'कृति की स्वायत्तता' अपने आप में सर्जक के अधिकार से जुड़ी समस्या है किन्तु आलोचना की स्वायत्तता अन्ततया साहित्यिक अराजकता को उत्पन्न करती है। सैद्धान्तिक समीक्षा के मान लोक की सांस्कृतिक, ऐतिहासिक एवं साहित्यिक परम्परा से इसलिए जोड़े जाते हैं कि सर्जक की अनुभूति इन्हीं के बीच से अवतरित होकर भावक एवं पाठक से आकर टकराती है। समाज-साहित्य एवं आलोचक की सैद्धान्तिक एवं व्यावहारिक दोनों प्रक्रियाएँ परस्पर आपस में अन्तरंगता से जुड़ी रहती हैं। इसे स्पष्ट करते हुए **आनन्द कुमार स्वामी** 'डांस ऑफ शिवा' में कहते हैं कि—

"Every artist discovers beauty and every critic finds it again when he tastes of the same experience through this medium of the external signs"

"जो सौन्दर्य दर्शन कृतिकार के चित्त में आता है और भाषा आदि वाह्य माध्यमों द्वारा उसे कृति में व्यक्त करता है, आलोचक पुनः अपनी भावक प्रतिभा द्वारा उसका साक्षात्कार करता है।"[1]

साक्षात्कार करके उसकी निर्मिति की अपेक्षित व्याख्या करके भावी पाठकों की पीढ़ी तैयार करना उसका दायित्व है।

इस प्रकार सर्जक, भावक तथा आलोचक परस्पर एक ही कृति के विविध पक्षों से जुड़े अपने दायित्वों के प्रति निरन्तर निष्ठावान् रहते हैं। सर्जक का दायित्व सृजन है तो भावक का दायित्व आस्वादन एवं आलोचक का दायित्व दोनों से भिन्न अपनी प्रतिभा द्वारा कवि के अनुभव एवं भावक के आस्वादन को नया अर्थविस्तार एवं आस्वादन के प्रति नये वातावरण का निर्माण करना। काव्य सृजन, आस्वादन एवं समीक्षा की यह प्रक्रिया निरन्तर चलती रहती है।

□□□

---

1. The Dance of Shiva, page 65

कविता का प्रयोजन : भारतीय पक्ष

(1)

कविता की उदात्तता चाहे जितनी हो किन्तु उसे भाषिक कला से मुक्त किया ही नहीं जा सकता क्योंकि भाषा का माध्यम यहाँ इस प्रकार प्रयुक्त किया जाता है कि सर्जक के मन्तव्य को वह अपने भावात्मक भाषिकविधान द्वारा सम्प्रेषित कर सके। यह उसकी अपनी मजबूरी तथा विशेषता दोनों है। मजबूरी इस अर्थ में कि बिना भाषा के संवेगात्मक प्रयोगों की सर्जनात्मकता का मन्तव्य नहीं प्राप्त किया जा सकता और विशेषता इस अर्थ में कि उसके द्वारा रची गई भाषा कवि के मन्तव्य का सम्प्रेषणधर्मी आधार स्वयं बन उठती है। सर्जनात्मक भाषा की पहली विशेषता है, उसका सम्प्रेषणधर्मी होना। भाषा सृजन की यह शक्ति नैसर्गिक है। उसने इसे प्रवृत्तिगत मानवीय संस्कार के रूप में प्राप्त किया है।

कवि के द्वारा सृजित इस भाषिक कला के पीछे उसकी अपनी कौन-सी आकांक्षा है, यह एक लम्बे अरसे से विचारित प्रश्न रहा है। भारतीय चिन्तकों ने इस पर ई० पू० 5वीं शती से लेकर आज तक बराबर विचार किया है।

सामान्य रूप से यह कहा जाता है कि लोक में तीन प्रकार के स्वभाव वाले व्यक्ति मिलते हैं—ज्ञानप्रधान, कर्मप्रधान तथा भावनाप्रधान। पश्चिमी आलोचक इन्हें कल्पनाप्रधान भी कहते हैं जो भावना का ही अन्तरंग धर्म है। पैतृक पारिवारिक एवं परिवेशगत संस्कारों का भी इन पर प्रभाव पड़ता है। ये भावनाप्रधान प्रकृति के व्यक्ति ही काव्य सृजन या कला सृजन से जुड़ते हैं। ऐसा नहीं है कि ज्ञानप्रधान या कर्मशील व्यक्तियों की वृत्तियाँ भावात्मक नहीं होतीं, किन्तु सांस्कारिक प्रधानता का अपना प्रभाव पड़ता है। इस प्रकार यदि भावना प्रावल्य से आवेष्ठित व्यक्तित्व को देखें तो उद्रेकता की प्रबलता उसके स्वभाव से जुड़ी मिलती है। सृजन का क्षण आत्मचैतन्य के भावोद्रेक का क्षण है और इस धर्म के कारण हृदय से काव्य वाणी अनायास ही फूट पड़ती है। संस्कृत काव्यशास्त्र में प्रतिभा से सम्बद्ध प्रज्ञा व्यक्ति के आत्मोद्रेक या सृजन का मूल हेतु है और यदि इस आकस्मिक अभिव्यक्ति के रूप में कविता के क्षण का आविर्भाव होता है तो उसे क्या माना जाय? वाल्मीकि के भावोन्द्रेकता से सम्पन्न हृदय से यदि क्रौंच बध की पीड़ा से प्रथम श्लोक अभिव्यक्त हो पड़ा तो उस सृजित श्लोक का क्या मन्तव्य समझा जाना चाहिए? पहली बात तो वह श्लोक किसी उद्देश्य से नहीं लिखा गया। वह सहचरी के शोक की एक

पीड़ामयी अभिव्यक्ति है; सान्त्वना देने के लिए भी नहीं, सहानुभूति पैदा करने के लिए नहीं, पीड़ित के प्रति अनुरागासक्ति के लिए भी नहीं, वरन् पीड़ित हृदय की तनाव भरी कसमसाहट के बीच वह एक आत्ममुक्ति का क्षण है, जिसे पीड़ा के क्षणों में आत्मविरेचन, आत्मविसर्जन, आत्मविगलन या निःसंगता या तनाव की जकड़न से मुक्ति के नाम से पुकारा जा सकता है। यहाँ प्रश्न यह उठता है कि कविता क्या भावोद्रेकता के क्षणों में 'स्व से मुक्ति' या 'आत्मविसर्जन' का क्षण है? क्या कलाओं का यही उद्देश्य है? क्या कलाएँ इसीलिए निर्मित होती हैं? भारतीय साहित्य में **तुलसी** जैसे कवि ने इस आत्मविसर्जन के विषय में बड़े खुले शब्दों में लिखा है—

स्वान्तः सुखाय तुलसी रघुनाथ गाथा,
भाषा निबद्धमति मंजुल मातनोति।

श्री रामचरितमानस के समापन पर भी कवि यही बात करता है। लिखने के बाद इस रामनाम चरित्र ने अन्तस्तम की उद्विग्नता को शान्ति प्रदान की—

''मत्वा तद्रघुनाथनामचरितं स्वान्तस्तमः शान्तये''

अर्थात्, अत्यन्त मंजुल काव्य भाषा में श्रीराम कथा की यह काव्यात्मक अभिव्यक्ति मुझे 'स्वान्तसुख' दे रही हैं। यह स्वान्तः सुख सर्जक को सृजन के क्षण के बाद रचनात्मक तनाव से मुक्ति का एहसास या अनुभूति होती है।

इसी प्रकार दूसरे छन्द में, 'आत्मिक पीड़ा की शान्ति' के बिन्दु पर काव्य सृजन का समापन क्षण सर्जक के चित्त को आत्ममुक्ति या आत्मविसर्जन के भाव से जोड़ देता है।

भारतीय काव्यशास्त्र में 'सृजन' से जुड़े इसे आत्ममुक्ति के क्षण के सुख के लिए 'प्रीति, विश्राम, विश्रान्ति, आनन्द' आदि शब्दों का प्रयोग किया गया है।

आचार्य अभिनव गुप्त इसे स्पष्ट करते हुए कहते हैं कि—

''तथापि प्रीतिरेवप्रधानं ....प्राध्यान्येवानन्द एवोक्तः''

अर्थात्, सर्जक के सृजन का उद्देश्य आत्मिक प्रीति जो अन्ततया पाठक को आनन्दाभिभूत कर देने में सर्वथा समर्थ है। **आचार्य भामह** ने भी इस प्रीति शब्द का प्रयोग रचना के मन्तव्य के रूप में किया है—

''करोति कीर्तिं प्रीतिं च साधु काव्य निबन्धनम्''

साधु काव्य की रचना 'प्रीति' या सृजन के क्षणों के उपरिमित हो जाने के बाद 'आत्ममुक्ति' जैसी स्थिति या मनःदशा प्रदान करती है। पश्चिमी आलोचकों ने भी सृजन से मिलने वाली आत्मिक बेचैनी एवं आत्मसंघर्ष से मुक्ति की चर्चा की है।

''कुछ लोगों का विचार है कि साहित्य का प्रयोजन हमें चाहे लेखक हों या पाठक—भावों के दबाव से मुक्ति देना है। भावों की अभिव्यक्ति का अर्थ है, उनसे मुक्ति और कहा जाता है कि ''गेटे ने 'द सीरीज ऑफ बर्थर' की रचना करके स्वयं

अपनी भावनाओं से मुक्ति पायी थी।''[1] आधुनिक कविता की सृजन प्रक्रिया की व्याख्या करते **श्री अज्ञेय** भी इस मन्तव्य को स्वीकार करते हुए इसी सन्दर्भ में 'सर्जना और सन्दर्भ' के अन्तर्गत एक स्थल पर कहते हैं कि—

"...कला एक प्रकार का आत्मदान है। ...कलाकार का आत्मदान केवल एक नैतिक मान्यता के लिए ही नहीं होता, सच्चे अर्थ में 'स्वान्तः सुखाय' भी होता है और वह सुख अपनी सिद्धि पा लेने का, समाज को उसके बीच रहे होने का प्रतिदान दे देने का सुख है।''[2]

अज्ञेय के अनुसार 'स्वान्तः सुख' का सन्दर्भ सर्जक के आत्मदान से है और आत्मदान का कारण है, अपने बीच स्थित समाज के प्रति सर्वात्म समर्पण का भाव। अपना सब कुछ समाज के प्रति अर्पित कर देने के बाद सर्जक को प्राप्त आत्ममुक्ति या स्वान्तः सुख एक महत्त्वपूर्ण सर्जनात्मक उपलब्धि है किन्तु यह एक श्रेष्ठता एवं उच्चतम मनःदशा है। भारतीय जीवन की दृष्टि तथा परम्परा इस पथ पर निरन्तर खरी उतरती रही है, सब कुछ समाज या समाजनियन्ता प्रभु को सौंप देने के बाद आत्मस्थ चैतन्य के स्पन्दन से जागृत काव्यस्फोट परम विश्रान्तिदायिनी है। काव्य सृजन के बाद की इस चित्त दशा का वर्णन करते हुए **गोस्वामी तुलसीदास** कहते हैं कि—

यह सुभ संभु उमा संवादा। सुख संपादन समन विषादा॥
रघुपति कृपा यथामति गावा। मैं यह पावन चरित सुहावा॥
जाकी कृपा लवलेस ते मतिमंद तुलसीदासहूँ।
पायो परम विश्राम राम समान प्रभु नाही कहूँ॥

प्रभु कृपा से सम्पूर्ण लोक के प्रति सर्वात्म समर्पण से उपजी कथा-कविता की विश्रान्तिदायनी आत्मतृप्ति भारतीय सृजन का कविसापेक्ष्य सवर्था सर्वाति विशिष्ट काव्य हेतु है। लोक के प्रति यह सर्वात्म समर्पणजन्य स्वान्तसुखाय तृप्ति सृजन की सर्वोच्च उदात्त भूमि है।

भारतीय चिन्तन में, इसी के साथ एक दूसरा सन्दर्भ 'यशः प्राप्ति' का दिखायी पड़ता है। कालिदास जैसे कवि 'मन्दः कवि यशप्रार्थी' की बात कहते हैं। एक ओर विनयोक्ति भरा सर्वात्म समर्पण का भाव जो अहम् के परित्याग से जुड़कर 'अहम्' का ही सूचक है, तो दूसरी ओर 'यशकामना', दोनों के सन्दर्भ साथ-साथ आते हैं। भारतीय चिन्तन के परवर्ती आचार्यों ने इसे 'कीर्ति' के नाम से पुकारा है। आचार्य भरत ने 'यशस्य...वर्धनम्' को काव्य का कारण माना है। आचार्य भामह ने यशस्वी कवियों की कीर्ति 'यावच्चन्द्र दिवाकरौ' बताया है। दण्डी ने 'करोति कीर्तिं, प्रीतिं च'

---

1. साहित्य सिद्धान्त—रेन बेलेक तथा आस्टिन वारेन, पृ० 47, अनुवादक श्री बी० ए० पालीपात
2. सर्जना और संदर्भ : अज्ञेय, पृ० 66

के द्वारा कीर्ति का स्मरण किया है। वामन के अनुसार सुन्दर काव्य 'कीर्ति' का कारक है, आदि-आदि। तुलसीदास जैसे कवियों में भी प्रच्छन्न भाव से 'यशकामना' देखी जाती है। परवर्ती शास्त्रकारों में आचार्य मम्मट 'काव्यं यशसे' का प्रयोग करके इसका समर्थन करते हैं।

समाज में 'कविकर्म' एक सर्वथा दुर्लभ कृति है। अहन्ता का सम्पूर्णतया सामाजिक सन्दर्भों में प्रतिदान करके स्वयं का समाज के सर्वतोत्कृष्ट मूल्यों के साथ जोड़कर केवल निःसंगता की मनःदशा में 'स्वान्तसुख' की कामना करना तथा दूसरे स्तर पर यश की कामना से प्रेरित होकर सर्जना के प्रति समर्पण, ये दो प्रवृत्तियाँ दुर्लभ मानव की पहचान है। सम्पूर्ण जीवन श्रेष्ठ सामाजिक मूल्यों की व्यवस्था के लिए समर्पित कर देना और उसके एवज में यश प्राप्त की आकांक्षा रखना यह एक श्रेष्ठतम अवधारणा है, जो सामान्य बात नहीं है। इसी त्याग के कारण वैदिक साहित्य से ही कविकर्म को ऋषिकर्म का पर्याय माना जाता रहा है। तीसरा सन्दर्भ अर्थार्जन का है। समाज व्यवस्था में कवि का संवर्ग न ऋषि का था, न अध्यापक का। वह गुरुकुल में जीवनयापन नहीं कर सकता था और न अरण्यवास ही। फलतः उसने राजाश्रय को अपनी आजीविका के लिए एक आधार बनाया।

भारतीय कविता के ये दो प्रयोजन कवि के व्यक्तित्व से जुड़े अन्तरंग प्रयोजन हैं।

भारतीय काव्यशास्त्र एवं काव्यपरम्परा दोनों में कविता के व्यावहारिक तथा सामाजिक प्रयोजनों की नितान्त विस्तारपूर्वक चर्चा मिलती है। पश्चिमी काव्य चिन्तन एवं समीक्षाशास्त्र के अन्तर्गत साहित्य की उपादेयता, साहित्य का प्रयोजन, साहित्य किसके लिए, साहित्य की प्रासंगिकता, साहित्य का उद्देश्य आदि भूमिकाओं के माध्यम से इस विषय पर व्यापक चर्चा मिलती है। ध्यानपूर्वक देखा जाय तो इस चर्चा में विस्तार अधिक है, गद्य लेखन की आलोचनात्मक प्रवृत्ति, मीमांसा दृष्टि तथा वैचारिक चिन्तन प्रवाह के कारण। भारतीय साहित्य में जहाँ तक साहित्य के उद्देश्य या प्रयोजन से सम्बन्धित मूल्यों का प्रश्न है, गुणवत्ता की दृष्टि से उन पर कम विचार नहीं किया गया है। हाँ, विस्तार भाव की कमी अवश्य है।

इस सम्बन्ध में एक प्रश्न और भी अपेक्षित है। वह यह कि भारत में कविता पठ्य थी—कविता काव्यगोष्ठियों, राजदरबारों, धार्मिक उत्सवों में पढ़ी जाती थी और श्रोता उसे सुनता था। तर्क तथा विश्लेषण का सम्बन्ध शास्त्रों से था और कविता के शास्त्रों में कविता के श्रवण से उत्पन्न प्रभाव की चर्चा की जाती थी। इसीलिए श्रुति-सुख, प्रीति, आनन्द आदि का विवेचन काव्योद्देश्य के रूप में पहले किया गया है। भारतीय आलोचना का विकास 19वीं-20वीं शती से प्रेस, प्रकाशन तथा व्यवस्थित गद्य के प्रचार-प्रसार के बाद शुरू किया गया। 19वीं तथा 20वीं शती के पूर्व के साहित्य का सन्दर्भ वक्ता, पाठक एवं श्रोता से जुड़ा था और इतना अपेक्षित विस्तार इस सन्दर्भ में नहीं मिलता।

तीसरी बात, इस सन्दर्भ में और भी गम्भीरता से विचारणीय है। भारतीय संस्कार, अवधारणाएँ, जीवन निर्वाह विधि, आध्यात्मिक चिन्तन, व्यावहारिक क्रियाकलाप तथा मानसिक चिन्तन प्रक्रिया का अपना भिन्न स्वरूप है। विशेषकर, कविता की विवेचना के सन्दर्भ में दो बातें महत्त्वपूर्ण हैं, प्रथम यहाँ कि कविता को कविता के स्थापत्य के आधार को ध्यान में रखकर यहाँ विश्लेषित किया गया है और सम्पूर्ण भारतीय काव्यशास्त्र कविता का इतना सम्पन्न स्थापत्य तर्कसम्मत, विधिवत् तथा एक पद्धति के रूप में विश्लेषित करता है कि विश्व में यह दुर्लभ है। साथ ही, दो हजार वर्षों तक भारतीय मनीषा इसके विवेचन में लगी रही। पश्चिम में, कविता को सामाजिक परिदृश्य के साथ जोड़कर देखा गया, अतः वहाँ कविता का सामाजिक सरोकार था। विश्लेषण सम्भवतः अधिक मिलता किन्तु स्थापत्य के विश्लेषण में इतनी गम्भीरता नहीं मिलती।

भारतीय चिन्तन की दूसरी सबसे महत्त्वपूर्ण विशिष्टता है, समग्र चिन्तन को केन्द्रीभूत करके आध्यात्मिक भंगिमा की ओर उन्मुख करना। समग्र भारतीय चिन्तन, ज्ञान, विज्ञान, कला एवं शास्त्र अन्ततया आध्यात्मिक उन्मेष में अपनी परिपूर्णता प्राप्त करते हैं जबकि पश्चिमी चिन्तन मन, बुद्धि, चित्त की सीमा के भौतिक संस्पर्शों से जुड़े हैं। इसीलिए भारतीय चिन्तन विस्तार से शुरू करके सूक्ष्मता में प्रवेश करता है और वही उसका अन्तिम समापनसाध्य विवेच्य बिन्दु है, जबकि पश्चिमी चिन्तन सूक्ष्म से शुरू होकर विस्तार की ओर निरन्तर बढ़ता जाता है। भारतीय अध्यात्मवाद एवं पश्चिमी भौतिकवादी चिन्तन की यही विशिष्टताएँ हैं। हमारा जीवन राजनगरों से शुरू होकर कन्दराओं के आत्मसंन्यास में समाप्त होता था जबकि उनका जीवन कन्दराओं से शुरू होकर औद्योगिक नगरों की ओर उन्मुख होता था। हमारी सांस्कृतिक आस्था ग्राम्य संस्कृति से सम्बद्ध थी और उनकी आस्था नगरीय व्यवसायिकता तथा उद्योगवाद से। हमारा अन्तिम लक्ष्य आत्मशक्ति का अन्वेषण है तो पश्चिम अन्तिम रूप से, उपभोगजन्य आनन्द से पूरे समाज को जोड़ना है।

पश्चिम से आगत संस्कृति के परिणामस्वरूप हम भारतीयों ने अपने सांस्कारिक एवं सांस्कृतिक सन्दर्भों को तोड़ा है। भारतीय काव्यशास्त्र चिन्तन भी उससे प्रभावित हुआ है।

भारतीय काव्य रचना के मन्तव्यों पर इसके प्रभावों का भलीभाँति चित्रांकन किया जा सकता है, किन्तु अन्य किसी अपेक्षित सन्दर्भ में।

(2)

भारतीय काव्यशास्त्र में जहाँ तक प्रयोजनों का पक्ष है, कवि पक्ष की व्याख्या इंगित की जा चुकी है, रचना पक्ष एवं पाठक पक्ष की व्याख्या अपेक्षित है। कविता क्यों लिखी जाए, किसके लिए लिखी जाय, उसकी चरम सामाजिक परिणति क्या होगी, इस प्रश्न को भारतीय काव्यशास्त्र में बार-बार उठाया गया है, समान्य

सांकेतिक, सूत्रात्मक कथन के रूप में। मूल प्रश्न यहाँ सृजन के स्थापत्य के निर्माण का है, इसीलिए फलविधान पर अधिक बल नहीं दिया गया।

जैसा कि कहा गया है, भारतीय काव्य सृजन की दो परम्पराएँ रही हैं—प्रथम, आध्यात्मिक एवं नैतिक उदात्त मूल्यों की परम्परा से सम्बद्ध, द्वितीय साहित्यिक आस्वादन से सम्बद्ध काव्य परम्परा।

प्रबन्ध, नाटक एवं कथा—आख्यायिका साहित्य का एक संवर्ग है। वाल्मीकि रामायण, महाभारत, बुद्धचरित, सौन्दरनन्द, अभिज्ञान शाकुन्तलम्, कुमार सम्भवम्, रघुवंशम् आदि-आदि से जुड़ा एक विशाल साहित्य तथा नाट्य शिल्प विधान का आचार्य भरत एवं अन्य शास्त्र ग्रंथ विवेचन करते हैं। प्रबन्धविधान, आख्यायिका आदि का शास्त्रविधान पृथक् से नहीं विकसित हुआ—अतः इस विधा का काव्य प्रयोजन काव्य शास्त्रीय ग्रंथों में ही विवेचित मिलता है जो उपयुक्त नहीं है।

भारतीय कविता की एक दूसरी चिन्तन पद्धति 'शब्दार्थ विधान' से शुरू हुई। यद्यपि इसके काव्य की संरचनात्मक व्यवस्था से सभी को सम्बद्ध किया किन्तु कलावादी संरचनाप्रधान दृष्टि की प्रखरता के कारण कलावादी वृत्ति का अधिक प्रचार किया गया। प्रबन्ध काव्यों में भी कलात्मक काव्य लिखे जाने लगे, श्लेषप्रधान, यमकाश्रित जैसे काव्य एवं चमत्कार सृजन के वैशिष्ट्य से जुड़ी मुक्तक की पद्धति इसी कलावादी संरचना विधान की परिपाटी ने चलाई। कलात्मक अभिव्यक्ति एवं उससे निष्पन्न होने वाले आस्वादन जैसे मन्तव्यों की यहाँ विस्तारपूर्वक व्याख्या की गई। इस दृष्टि से पाठक या समाज सापेक्ष्य काव्योद्देश्य या प्रयोजनों की व्याख्या पृथक् संवर्ग में की जानी चाहिए ताकि नैतिक मूल्यों एवं कलात्मक मन्तव्यों से जुड़े भारतीय सृजन के पक्षों को स्पष्ट किया जा सके।

नैतिक या सामाजिक मूल्य

भारतीय सन्दर्भ में कविता के दो स्वभावों का उल्लेख सर्वमान्य रहा है—(1) श्रवण काल में अपने प्रभावावेग से दर्शक के चित्त को विवशीभूत बना देना। (2) मधुरता का अनुभव कराना। कविता और सामाजिक मूल्यों के साथ यह प्रथम तत्त्व अपने स्वभाव के अनुसार प्रभाव डालता है। सामान्य रूप से कभी-कभी सृजन में प्रतिबद्धता का स्वर इतना तीव्र हो उठता है कि कृति की पाठक के मन को अपने प्रभाव से बाँधने वाली शक्ति में ह्रास दिखाई पड़ती है। मूल्य एवं सृजन का सन्तुलन भारतीय साहित्य में इस प्रकार विवेचित है कि वह कृतित्व के ऊपर हावी न हो सके। आचार्य मम्मट ने इसे 'कान्ता-सम्मित' उपदेश कहा है—अर्थात्, उपदेश भी न प्रतीत हो और उपदेश अपनी सार्थकता भी प्राप्त कर ले। भारतीय साहित्य में सर्जक प्रभाव को तोड़ने वाले उपयोगी उपदेश काव्य लिखे गए हैं—किन्तु उन्हें कविता की सामान्य श्रेणी में ही रखा गया है, प्रायः इन्हें, 'अकाव्य' के नाम से पुकारा गया है। इनके अन्तर्गत तीन प्रकार के काव्यों को रखा गया है—

1. धर्म प्रचारार्थ काव्य सृष्टि,
2. व्याधि के रक्षार्थ काव्य सृष्टि,
3. दण्ड से रक्षार्थ काव्य सृष्टि

प्रारम्भिक आचार्यों में भामह आदि ने देवस्तुतियों एवं स्तोत्र काव्यों को इसी श्रेणी में रखा था किन्तु परवर्ती शास्त्रकार इसका विरोध करते हैं। आचार्य रुद्रट ने इसे 'विरचितरुचिरस्तुति' के नाम से इसे पुकारा है। इस प्रकार, आठवीं-नवीं शती में देवस्तुतियों या 'स्तोत्र काव्यों' को कविता की श्रेणी में रखा गया। 'शान्त रस' का प्रकरण इसी मान्यता का विकास है।

कुल मिलाकर, सामाजिक सन्दर्भ में निम्नलिखित काव्य प्रयोजनों की चर्चा भारतीय काव्य चिन्तन में मिलती है—

1. परम्परा में व्याप्त उदात्त चरित्रों की कीर्ति या नायक के यश का विस्तार,
2. आन्तरिक पीड़ा से मुक्ति,
3. धर्मार्थ काम मोक्ष की प्राप्ति,
4. मधुर माध्यमों द्वारा कटुशास्त्र के ज्ञान का बोध

भारतीय जीवन में उदात्त मूल्यों को प्रतिष्ठित करने की निरन्तर व्यग्रता देखी जाती है और यह व्यग्रता नाटकों एवं प्रबन्धकाव्यों दोनों में मिलती है। परम्परा वाल्मीकि को कवि नहीं ऋषि कवि कहती है, इसलिए कि उन्होंने अपने काव्य के लिए एक महनीय आदर्श चुना, जो समाज के उच्चतम मूल्यों का हेतु बन सके। महाभारत के रचनाकार व्यास ऋषि कवि नहीं, महनीय कवि हैं, कालिदास आदि कवि हैं। उदात्तता और मानवीय मूल्यों की सर्वतोत्कृष्ट धारणाएँ-धीरोपात्त नायक से जुड़ती हैं—धैर्यपूर्वक उदात्तता रक्षण जैसे मूल्यों को काव्य की व्यंजना से जोड़ना या सृजन करना भारतीय संस्कृति का प्राचीनतम आदर्श रहा है और ऐसे काव्यों के लिए यह अवधारणाएँ रही हैं कि—इस पृथ्वी पर जब तक भारतीय जाति रहेगी, (दूसरे शब्दों में मानव जाति के लिए) ये काव्य आदर्श के आधार रहेंगे। वाल्मीकि रामायण तथा महाभारत के मन्तव्य क्रमशः आदर्श एवं लोक यथार्थ के गहनतम संदर्भों से जुड़े दिखाई पड़ते हैं—सृजन एवं सृजन से जुड़े सामाजिक संदर्भों के मन्तव्य यहाँ दोनों अपनी व्यापक उदात्तता में अभिव्यक्त हुए हैं और भारतीय कविता में यह परम्परा बुद्धचरित, पउमचरिउ (स्वयंभू) तथा श्रीरामचरितमानस जैसे संस्कृत अप्रभ्रंश एवं हिन्दी भाषाओं तक चलती रही है। कालिदास, भट्टि, भारवि आदि प्रबन्ध रचनाकारों पर संस्कृत की काव्यशास्त्रीय परम्परा का प्रभाव अधिक दिखाई पड़ता है, फलतः 'सृजन एवं लोकमंगल' की संयुक्त उदात्तता की परम्परा धीरे-धीरे क्षीण पड़ती गई—किन्तु महाकाव्यों की रचना में 'धीरोदात्त' की परिकल्पना को सर्वथा सर्वोपरि स्वीकार किया गया। परम्परा के महाकाव्य के रचनाकारों ने रचना से सम्पन्न होने वाले उदात्त मन्तव्यों की इनके द्वारा सम्पुष्टि की है।

राजाश्रय से जुड़कर संस्कृत साहित्य में अनेक काव्य लिखे गए और चेष्टा की गई की चरित्रनायकों को राम जैसी कल्पित और अतिशयोक्ति पूर्व उदात्तता प्रदान की

जाए किन्तु इससे काव्य में अत्युक्ति एवं अतिशयोक्ति पद्धति का अधिक विकास हुआ। यही नहीं, कुछ समय बाद धीरललित नायकों के चरित्रों को काव्य के आस्वादन धर्म के लालित्य से भी जोड़ने की परम्परा का जन्म हुआ। इस सन्दर्भ में 'धीर प्रशान्त' का विशेष महत्त्व रहा है 'धीरोदात्त की भाँति धीरललित' सन्दर्भ उनकी उत्कृष्टता में विशेष रूप से सामाजिक ग्राह्यता का विषय बना। इनसे हटकर अश्वघोष कृत बुद्धचरित 'धीर प्रशान्त' काव्य है।

भारतीय काव्य की यह परम्परा नितान्त प्राचीन है तथा इसका मूल दायित्व कविता के सृजन के साथ सामाजिक मूल्यों की सम्बद्धता या प्रतिबद्धता स्थापित करना रहा है। यह प्रतिबद्ध कवि 'मूल्यों एवं सृजन' के द्वन्द्व से अपने काव्य के कलेवर का निर्माण करता है और कहीं भी काव्य के कलात्मक मूल्यों को गिरने नहीं देता। कविता के संस्कारों से मूल्यबोध को मानव जाति की भाव चेतना का अंग बनाकर उदात्तता का वातावरण निर्मित करना इन रचनाओं मन्तव्य माना गया है। **आचार्य मम्मट** कृत 'कान्तासम्मिततयोपदेशजने' का इसका स्वरूप काव्य मूल्यों के बीच सामाजिक संस्कारों को इस तरह से रचा-पचा देता है कि सामाजिक मूल्य कविता का धर्म बन जाता है—

'कान्तेव सरसतापादनेनाभिमुखी कृत्य'

जैसा मम्मट का पद काव्य के रचनात्मक मूल्यों के बीच कथा के रच-पच जाने का संकेत करता है। पश्चिमी आलोचना में टालस्टाय जैसे कवि-आलोचक इसी प्रकार के मन्तव्यों को रचनादर्श के रूप में स्वीकृति प्रदान करते हैं। कविता का सामाजिक सरोकार केवल लोकास्वादन तक ही सीमित नहीं है, अपितु वह स्वयं में अपनी सम्पूर्ण प्रकृति से जुड़ी मांगलिक मूल्यों की भावात्मक स्वीकृति तथा उसके स्थायित्व पर भी बल देती है। अतः यह कहना कि केवल भारतीय सर्जन कलावादी या शास्त्रवादी चिन्तनगत आधारों तक ही सीमित है, यह सर्वथा अप्रासंगिक है।

काव्यस्वादन और मानवीय पीड़ा-मुक्ति

मनुष्य जाति के पास सामाजिक संकट से उत्पन्न वृहत्तर संत्रासों के साथ-साथ वैयक्तिक जीवन की कटुता, संघर्ष तथा विषमताओं से उत्पन्न अनेक प्रकार के वैयक्तिक शोक, पीड़ा, थकान, अन्यमनस्कता, ऊब, चिड़चिड़ाहट, उद्विग्नता आदि के कितने संकट है, जिनमें वह निरन्तर जूझता रहता है। लोकात्मक असन्तुलन तथा विषमता से पीड़ित मानव जाति इन कष्टों से मुक्ति के लिए निरन्तर प्रयासरत रहती है। कलाएँ मानव जाति को अपने साहचर्य में लेकर निरन्तर इन पीड़ाओं से मुक्ति देती रही हैं और देती रहेंगी। 'तनाव से मुक्ति' का प्रश्न सर्जक के लिए ही नहीं, काव्य हेतु का सन्दर्भ है—जैसे प्रसविनी माता अत्यन्त प्रसव पीड़ा से छटपटाती हुई पुत्र जनकर परमशान्ति सुख एवं पुत्र प्राप्ति की विश्रान्ति का अनुभव करती है, ठीक सर्जक भी, सृजन के पूर्व भावात्मक छटपटाहट में बेचैन तथा तनावग्रस्त होकर

अभिव्यक्ति के स्पन्दन के क्रम में व्याकुल जैसा रहता है और सृजन के बाद वह तनाव से मुक्ति या विश्रान्ति प्राप्त करता है—

जाकी कृपा लवलेश ते मतिमंद तुलसीदास हूँ।
पायो परम विश्राम राम समान प्रभु नांही कहूँ॥

किन्तु सर्जक का यह सृजन उसके सम्पर्क में आने वाले पाठक, श्रोता, सहृदय, दर्शक तथा प्रेक्षक सभी के लिए तनाव मुक्ति का कारण भी बनता है। इस दिशा में सर्वप्रथम बार संकेत **आचार्य भरत** ने नाट्यशास्त्र के अन्तर्गत अध्याय एक में किया है—

दुःखार्तानां श्रमार्तानां शोकार्तानां तपस्विनाम्।
विश्रामजननं लोके नाट्यमेतद् भविष्यति॥

इस प्रकार, वैयक्तिक सन्दर्भ में 'विनोदजननं लोके नाट्यमेतद् भविष्यति' अर्थात् 'विश्रान्ति एवं विनोदजन्य आनन्द' नाट्य या कृति का धर्म है।

'भाषिक माध्यम एवं लोकानुभूति से सम्पृक्ति' कलाधर्म का अनिवार्य स्वभाव है, और ये दोनों तत्त्व सामाजिक दायित्व से जुड़े हैं। कविता का दायित्व इसीलिए अन्य कलाओं से वृहत्तर हैं और भारतीय चिन्तन में 'इसे कला न मानकर इसमें सम्पूर्ण कलाओं का समाहार करके अपने को व्यक्त करने वाली श्रेष्ठ विद्या के नाम से पुकारा गया है। कविता सामाजिक प्रतिबद्धता के साथ-साथ अपने आनन्द धर्म द्वारा रंजन ही नहीं करती वरन् सम्पर्क में आने वाले को अपने सृजनालोक में विचरण करने के लिए विवश कर देती है। यही विश्रान्ति का कारण एवं क्षण है। यह सामाजिक तथा वैयक्तिक मन्तव्य दोनों है।

कविता की उपयोगिता का तीसरा भी सन्दर्भ है। यह है, लोकोपदेश का सद्-असत, करणीय-अकरणीय, विहित-अविहित, नैतिक-अनैतिक आदि मूल्यों के प्रति सचेष्ट होकर उसे बताना या स्पष्ट या सृजन के माध्यम से ऐसा वातावरण निर्मित करना जिससे जुड़कर पाठक सहृदय अपनी अन्तवर्ती प्रवृत्ति का शमन एवं सामयिक तनावों से मुक्ति प्राप्त कर सकता है। **आचार्य भरत** ने नाट्यशास्त्र के अन्तर्गत प्रारम्भ में ही इस तथ्य की ओर संकेत किया था—

"इस नाट्य में धर्म प्रवृत्त के लिए धर्म, कामोपसेवी के लिए काम, दुर्विनीत के लिए विग्रह, विनीत के लिए शालीनता, क्लीवों के लिए धृष्ठता, शूरों के लिए उत्साह, अवुधों के लिए विवोध (ज्ञान), ऐश्वर्यशालियों के लिए विलास, दुखीजनों के लिए धैर्य, उद्विग्न जनों के लिए धृति जैसे सन्दर्भ नियोजित हैं" और ये सभी अभिनयकाल में इन तत्त्वों से साक्षात्कार करके स्वचित्त विकृतियों से मुक्ति प्राप्त करते हैं। वे निष्कर्ष निकालते हुए कहते हैं कि—

धर्मयशस्यमायुष्यं हितं बुद्धि विवर्धनम्।
लोकोपदेश जननं नाट्यमेतद भविष्यति॥

नाट्य काव्य या काव्य लोक की समस्त समस्याओं का निवारण है और उसके इस उपयोगी स्वरूप का निर्वचन भारतीय साहित्य में सर्वप्रथम बार सम्पूर्णतः विस्तार के साथ मिलता है।

कविता का लोकधर्मी सन्दर्भ उसे इसके लिए विवश नहीं करता कि वह अपनी मूल्य प्रकृति का त्याग करके उपयोगी सन्दर्भ को वरीयता दे। कविता की प्रथम वरीयता उसकी कविताधर्मिता है और ये उपयोगी सन्दर्भ उसकी इसी कविताधर्मिता के तत्त्व बनकर उनके साथ आते हैं। कविता होने या बनने की प्रकृति अपने लुभावने आवरण में इन उपयोगी तत्त्वों के ताने-बाने को इस प्रकार बुनती है कि सभी लोकोपयोगी सन्दर्भ उसके धर्म जैसे बनकर सामने आते हैं। प्रतिबद्ध कविता का शिल्प कविता का ही शिल्प है और सम्पूर्ण प्रतिबद्धता के तत्त्व उसके विश्रान्तिदायी सौन्दर्य बोध के धर्म बनकर चित्त में एक-साथ उतरते हैं, व्याख्या का सन्दर्भ अनुभूति के बाद बनता है। इस प्रकार प्रतिबद्ध कविता पैम्फलेट, विज्ञापन, उपदेश, बैनर आदि तरीकों से अपने को सर्वथा मुक्त रखती है। इसीलिए **आचार्य अभिनवगुप्त** इन संदर्भों की व्याख्या करते हुए अपना निष्कर्ष निकालते हैं कि—

'प्रधान्येमानन्द एवोक्तः'

'आनन्द की आत्मानुभूति' ही सृजन का मूल प्रयोजन है।

भारतीय काव्यशास्त्र इस उपयोगिता के सन्दर्भ को एक कदम और आगे ले जाने की चेष्टा करता है। प्रायः लोक में देखा जाता है कि शास्त्रों की दुर्बोधता एवं विविधता के कारण उनसे दूर रहते हैं। भारतीय जीवन शैली लोक व्यंवहार एवं शास्त्रदृष्टि का समन्वित संकलन है। भारतीय समाज का यह वर्ग शास्त्र विमुख न हो जाए, कविता इनके लिए एक मधुर मार्ग की स्थापना करती है। इस सन्दर्भ को कई शास्त्रकारों ने रखा है। **आचार्य भामह** कहते हैं कि—

प्रामेण दुर्बोधतया शास्त्रद्विभ्यत्यमेधसः।
तदुपच्छन्दनायैष हेतुन्यायवलोच्चयः।।
स्वादु काव्यरसोन्मिश्रं शास्त्रमप्युपयुञ्जते।
प्रथमालीढ़ मधवः पिवन्ति कटु भेषजः।।

दुर्बोधता के कारण बुद्धिहीन व्यक्ति शास्त्रों से भय खाते हैं और इसलिए मधु से चखने वाली कड़ी औषधि की भाँति कवि मधुर काव्य द्वारा उन्हें शास्त्र से हृदयंगम करा देते हैं।

आचार्य कुन्तक ने इसी को स्पष्ट करते हुए बताया है कि—

कटुकौषधवच्छास्त्रमविद्याव्याधिनाशनम् ।
आह्लादद्यमृतवत् काव्यम् विवेक गदापहम्।।

कविता के मधु स्वभाव का मन्तव्य ही उसकी सौन्दर्यानुभूतिपरक प्रवृत्ति से है। इस सन्दर्भ में सबसे महत्त्वपूर्ण तथ्य यह है कि कविता के साथ सामाजिक प्रतिबद्धताएँ जोड़ी जा सकती हैं और उन्हें मधुर माध्यम के रूप में उपयोगी भी बनाया जा सकता

है। हितोपदेश तथा कथाचरित्सार जैसी रचनाएँ इसी संवर्ग में रखी जा सकती हैं। साहित्य से जुड़ा यह उपयोगितावादी दृष्टिकोण उसकी सर्जनात्मक प्रकृति तथा उससे उत्पन्न रसात्मक चेतना को कहीं भी अवच्छिन्न नहीं होने देती। इस प्रकार, साहित्य से जुड़ा उसका उपयोगी दृष्टिकोण साहित्य से बाहर नहीं उसी के अन्तर्गत ही अन्तर्निहित है।

धर्मार्थकाम मोक्ष की प्राप्ति

काव्य के द्वारा कवियों एवं पाठकों दोनों के 'अर्थ-धर्म-काम-मोक्ष' की प्राप्ति होती है। कवि के लिए 'अर्थ प्राप्ति' का आधार राजाश्रय है। पाठकों में चारण जातियाँ उत्कृष्ट काव्य संदर्भों का पठन एवं गायन करके अर्थाजन करती रही हैं, इसके अनेक संकेत मिलते हैं। भारतीय इतिहास में विक्रमादित्य एवं भोज अदि राजाओं के कार्यों का उल्लेख है जो कवियों को राजाश्रय देकर उनका संरक्षण करते थे। बाद में, इस परम्परा का विकास प्राकृत, अपभ्रंश तथा हिन्दी काव्य में 19वीं शती तक चलता रहा है। इसी प्रकार, धर्म, काम तथा मोक्ष ये काव्य रचना के प्रत्यक्ष प्रयोजन न होकर प्रकारान्तर के प्रयोजन कहे जा सकते हैं। पाठक धर्मनिष्ठों का चरितात्मक काव्य पढ़कर तत्सम्बन्धी भाव की अनुभूति से प्रमाणित होता है। काव्य सृजन से कामनाओं के प्राप्ति के भी सन्दर्भ देखे जाते हैं। स्तोत्र काव्य परम्परा में संकटों की मुक्ति की कामना के लिए काव्य लिखे गए हैं। काव्यस्वादन स्वयं में एक मुक्तिदायी सन्दर्भ है। 'अर्थ, धर्म, काम एवं मोक्ष' भारतीय जीवन का मानवीय पुरुषार्थ चतुष्ट्य है और काव्य में लोकानुभूति के व्यापक सन्दर्भ का बोध कराने के लिए इस पुरुषार्थ चतुष्टय को इससे जोड़ दिया गया।

प्रीति (Aesthetic Pleasure)

भारतीय चिन्तन में कविता के कलाधर्मी आस्वादन की सर्वाधिक चर्चा हुई है और काव्य के उद्देश्य के रूप में प्रारम्भिक स्तर पर इसे प्रीति कहा गया है। अमरकोश में प्रीति का अर्थ इस प्रकार बताया गया है—

मुद् प्रीतिः प्रमदो हर्षो प्रमोदामोद संमदः।

कलाजनित आनन्द, हर्ष, आदि के लिए यहाँ संस्कृत के आचार्यों ने प्रीति शब्द का प्रयोग किया है। **आचार्य अभिनवगुप्त** इस कविता की प्रीति के इस मन्तव्य को काव्य में प्रयोजनवादी उद्दश्यों से अधिक प्राथमिकता देते हैं।

'तथापि प्रीतिरेव प्राधान्यं'

अपने **गुरु भट्टतौत** का स्मरण करते हुए वे कहते हैं कि—

'प्रीत्यात्मा च रसस्तदेव नाट्यं एव च वेद इत्यस्मदुपाध्यायः प्रीति'

अर्थात्, काव्यात्मक आस्वादन ही काव्य का मूल प्रयोजन या उसकी आत्मा है, यह स्थापना सम्भवतया उनके गुरु आचार्य भट्टतौत की थी और यह प्रीति ही

काव्यस्वादन रूप रसस्वादन का आनन्द है जिसे स्पष्ट करते हुए **आचार्य मम्मट** ने इसको सम्पूर्ण प्रयोजनों का मूलभूत या सारभूत तत्त्व बताया है—

'सकलप्रयोजनमौलिभूतंसमनन्तरमेव रसास्वादनसमुद्भूतं विगलित वेद्यान्तरमानन्दं'

इसी तथ्य को स्वीकृति इनके पूर्व **आचार्य अभिनवगुप्त** ने भी दी थी—

''चतुर्वर्गप्यूत्पत्तेरपि आनन्दं एवं पार्यन्तिकम् मुख्यं फलम्''

इस प्रकार, संस्कृत आचार्य कविता के प्रतिबद्ध स्वरूप की चर्चा अवश्य करते हैं किन्तु जहाँ तक कविता की मूल प्रकृति का प्रश्न है, मूल उद्देश्य कलात्मक आस्वादनजन्य आनन्द की अभिव्यक्ति एवं प्रतीति कराना उसका मूल तथा सम्पूर्ण प्रयोजनों में सर्वातिश्रेष्ठ प्रयोजन बताते है।

भारतीय काव्यशास्त्र में जैसा कि बताया जा चुका है, कई स्तरों से उसके लोकपरक प्रतिबद्ध उद्देश्यों की चर्चा की गई है, किन्तु ये उद्देश्य उसकी कलात्मक प्रकृति का कहीं-भी अतिक्रमण नहीं करते और जहाँ ये अतिक्रमण करते हैं, उसे कविता की श्रेणी से भिन्न अकाव्य, सुभाषित तथा उपदेश काव्य या स्तोत्र काव्य जैसी सरणि में रख देते हैं। कविता का प्रतिबद्धता से समझौता उसी सीमा तक है, जिस सीमा तक वह उसके कलात्मक स्वभाव पर आघात् न पहुँचा सके। संस्कृत के प्रायः सभी आचार्यों ने इस प्रयोजन का प्राथमिकता के साथ स्मरण किया है—आचार्य भरत ने इसे 'विनोद' शब्द से पुकारा है और भामह इसके लिए कलात्मक 'उन्मेष' या 'आनन्द' शब्द का प्रयोग करते हैं। कुन्तक इसका फल अन्तश्चमत्कृति बताते हैं तो मम्मट 'सद्यः परिनिवृति'। **आचार्य पी० वी० कणे** इस आनन्द तत्त्व की व्याख्या करते हुए बताते हैं कि—

"The words are सद्यः परिनिवृत्तये of मम्मट (immediate higher and delightful experience) are more definite and appropriate." इस काव्य के प्रयोजन रूप 'कलात्मक आनन्द' की चर्चा भारतीय साहित्य में अत्यन्त विस्तारपूर्वक की गई है। कविता के कलात्मक स्वभाव की पहली विशेषता है, पाठक के चित्त को संरक्षित या विवशीभूत कर लेना। पश्चिमी आलोचकों ने इसे इसका इन्द्रजालिक प्रभाव बताया है। चित्त को विगलित करके देश, काल, स्व-पर आदि सम्बन्धों से मुक्त होकर निर्विकारत्व जैसी मनोदशा की स्थिति में ले आकर रख देना कलात्मक उन्मेष या काव्योन्मेष की पहली विशेषता है। इस विशेषता को भारतीय चिन्तन में 'साधारणीकरण' के नाम से पुकारा है। साधारणीकरण का स्पष्टीकरण करते हुए **आचार्य भट्टनायक** बताते हैं कि—

''निजमोह संकटतानिवारणकारिणा विभावादि साधारणीकरणात्मना।''

अर्थात्, कविता की सबसे बड़ी विशेषता है कि पाठक के चित्त के आत्मसाक्षात्कारकाल में अर्थबोध के क्षणों की क्रमबद्धता में वह उसे 'आत्ममोह की निजता' या 'अहमन्यता' के संकट से मुक्ति दिलाकर एक ऐसी भूमिका में खड़ा कर

देती है जो लोकचित्त का सामान्य या साधारण चित्त दशा है, पाठक के निजी व्यक्तित्व का सर्वसामान्य चित्त दशा में विलीनकरण। इसी को आचार्य शुक्ल भाव की मुक्तावस्था कहते हैं। 'भाव की मुक्तावस्था' मूलतः ज्ञानात्मक एवं कर्ममयी चित्त ससंक्तियों की मुक्ति है। भारतीय कला चिन्तन का सबसे बड़ा सिद्धान्त भाव की मुक्तावस्था है और पश्चिमी आलोचनाशास्त्र में इस समस्या के समाधान के लिए कोई उपयुक्त शब्द नहीं मिलता। भारतीय अध्यात्मवाद में 'समाधि' शब्द का प्रयोग हुआ है। योगशास्त्र में चित्तवृत्तिनिरोध को समाधि कहा गया है। मीमांसा दर्शन में परमतत्त्व में 'अपूर्व आत्मलयता' को 'समाधि' के नाम से पुकारा गया है। भक्तिशास्त्र में प्रभु में आत्मा के सम्पूर्णतः विलयन को समाधि की संज्ञा दी गई है। कलाएँ अपने उन्मेषकारी स्वभाव द्वारा चित्त के साक्षात्कार के क्षण उसे विगलित करके निज सुख-दुःख, राग-द्वेष, अहन्ता-परता सबसे मुक्त करके समाधि जैसी भूमिका निर्मित कर देती है। इस भूमिका में पहुँच कर पाठक के चित्त का कलास्वादन रस है और रसास्वादन काव्य का अन्तिम, एक मात्र सर्वतोत्कृष्ट तथा सम्पूर्ण प्रयोजनों का मूलभूत तत्त्व है। भारतीय कविता का उद्देश्य काव्यास्वादन की उत्कृष्टतम परिस्थितियाँ उत्पन्न करके पाठक के चित्त को 'तन्मयीभूतता' की दशा में अवस्थित करके आनन्द के लिए विवशीभूत बना देना है। अपने इस स्वभाव के कारण भारतीय कविता अपनी 'कविता विद्या' के स्वभाव का परित्याग करके उत्कृष्टतम कलात्मक सरणि की सार्थकता प्राप्त कर लेती है। अपनी उपयोग व्याप्ति के लिए भारतीय कविता विद्या है किन्तु, ब्रह्मानन्द सहोदरत्व के आस्वादन की चित्तदशा में पाठक को अवस्थित करने के कारण वह एक श्रेष्ठतम कला है। अब प्रश्न यह उठता है कि भारतीय कविता श्रेष्ठतम उद्देश्य आनन्द स्वीकार किया जाय या कविता में निहित उसकी प्रतिबद्धता जैसी प्रवृत्ति को। प्रतिबद्धता में निहित लोकहित या 'लोकमंगल' का महत्त्वपूर्ण सन्दर्भ है, क्या भारतीय कविता उस लोकमंगल की प्रतिबद्धता के कारण श्रेष्ठ समझी जाती है। यह एक विचारणीय प्रश्न है।

भारतीय कविता का मूल स्वभाव है, उसके कलाधर्म की रक्षा करते हुए प्रतिबद्धता से संपृक्ति स्थापित करना। इस प्रतिबद्धता में कविता मरने नहीं पाती— प्रायः प्रतिबद्ध प्रबन्धकाव्यों में शीलनिरूपण की शैली द्वारा कलात्मक वैशिष्ट्य को अंग बनाकर कवि प्रतिबद्धता को व्यंजित करता है। भारतीय चिन्तकों के अनुसार यदि प्रतिबद्धता कविता के ऊपर हो गई तो कविता का अस्तित्व ही नहीं रहेगा।

इस प्रकार भारतीय काव्य चिंतन कविता के उद्देश्य या मन्तव्य की स्थापना में उसके स्वभाव तथा प्रकृति को सर्वोपरि स्वीकार करते हुए उसके समस्त उद्देश्यों या प्रयोजनों की स्थापना इस प्रकार करते हैं कि उसका रचनाधर्मी स्वरूप किसी भी रूप में क्षतिग्रस्त न हो और उसके द्वारा उत्पन्न कलात्मक संवेदन का सर्वग्राही स्वरूप सर्वोपरि झलकता रहे। यह सर्वग्राही एवं सर्वोपरि स्वरूप है, काव्यास्वादन की सृष्टि की व्यापक सृजन भूमि निर्मित करना और उससे पाठक को जोड़े रहना है। इसकी

सबसे बड़ी विशेषता है और चरित्रों की शीलदशा का साधारणीकरण इस दृष्टि से स्वयं में रस का ही व्यापक परिवेश है।

धर्मार्थ काममोक्षेषु वैचक्षण्यम् कलासु च।
करोति कीर्तिं प्रीतिं च साधुकाव्यनिबन्धनम।।

भारतीय कविता 'कामधेनु' ही है, वह एक ओर धर्मार्थी को धर्म, अर्थार्थी को अर्थ, कामार्थी को काम एवं मोक्षार्थी को मोक्ष प्रदान करती है किन्तु वही कविता दूसरी ओर कीर्ति की कामना वाले कवि को कीर्ति और काव्यानन्द के अन्वेषी को ब्रह्मानन्द सहोदरत्व जैसी आनन्द की भूमि प्रदान करती है, निश्चित ही, यह सम्पूर्ण कलाओं से विलक्षण कला है। इसी को स्पष्ट करते हुए **आनन्द कुमार स्वामी** और स्पष्टतापूर्वक कहते हैं कि—

"A single word rightly employed and understood is compared to the cow of plenty yielding every treasure and the same poem that is of material advantage to me, may be of spiritual advantage to another or upon another occasion."[1]

□□□

1. The Dance of Shiva—आनन्द कुमार स्वामी, पृ० 52

कवि कर्म

जैसा कि प्रारम्भ में कहा गया है, कि भारतीय साहित्य में 'कविता' को कवि कर्म के रूप में भी परिभाषित किया गया है। कविता से जुड़े कवि कर्म के लिए कवि को सृष्टि के समग्र रहस्यों का आत्मसात् करना पड़ता है। नैसर्गिक कविशक्ति एवं कर्तृत्वरूप कवि प्रतिभा के संकीर्ण द्वार को खोलकर समग्र सृष्टि से आत्मसात् करना उसकी मजबूरी है। यदि समग्र सृष्टि से उसका साक्षात्कार नहीं होगा तो उसके लिए पुनर्सृष्टि सम्भव नहीं है। इस अपार संसार में कवि ही ब्रह्मा है और उसे जैसा रचता है, वह अपने अपूर्व संसार का निर्माण करता है। इस निर्माण के लिए उसके लिए 'बहुज्ञता' अनिवार्य है—और बहुज्ञता के लिए प्रचलित समग्र विद्याओं, कलाओं विज्ञान एवं पुराणेतिहास का ज्ञान अनिवार्य है और इस ज्ञान के लिए अपेक्षित है निरन्तर अध्ययन तथा मनन। **भामह** ने इसीलिए इसको ध्यान में रखकर कहा है—

न तज्ज्ञानं न तच्छिल्पं न सा विद्या न सा कला।
जायते यत्न काव्याङ्गमहो भारो महान् कवे॥

अर्थात्, कविता में समग्र ज्ञान, समग्र शिल्प विद्या, सम्पूर्ण विद्याओं एवं सम्पूर्ण कलाओं की अभिव्यक्ति अपेक्षित है, अतः इन सबके ज्ञान का दायित्व उसके ऊपर है। कवि के लिए सम्पूर्ण अर्थ-स्त्रोंतों का ज्ञान अनिवार्य है।

चौदह विद्यास्थानों के संयोग से बना काव्य पन्द्रहवाँ विद्यास्थान है। चार वेद, छह वेदांग, चार शास्त्र इन चौदहों के संयोग से निर्मित इस 'पन्द्रहवीं' 'विद्या' के लिए चौदह विद्याओं का ज्ञान अनिवार्य है।

लोक व्यवहार की विद्याएँ चार हैं—अन्विक्षकी (तर्कशास्त्र), त्रयी (कृषि, पशुपालन, व्यापार आदि), वार्ता (वेदवार्ता), दण्डनीति (अर्थशास्त्र)। इन चारों के बाद पाँचवी विद्या साहित्य है।

पंचमी साहित्य विद्या इति यायावरीयः।

साहित्य विद्या स्वयं में कला है और इसकी 64 उपकलाएँ हैं। ये **दो** प्रकार की हैं—

(1) कर्माश्रय कलाएँ
(2) निर्जीव कलाएँ

कर्माश्रय कलाएँ अपेक्षाकृत व्यावहारिक हैं—निर्जीव कलाओं की तुलना में, इनकी स्थिति विशिष्ट है, ये व्यावहारिक हैं। निर्जीव कलाओं की तुलना में इनकी स्थिति विशिष्ट है, यथा—

1. गीत
2. नृत्य
3. वाद्य
4. कौशल
5. उदारतापूर्ण आख्यान
6. चित्रविधि
7. पुस्तक कर्म
8. पत्रच्छेद्यम्
9. माल्यविधि
10. गन्धयुक्ति आस्वाद
11. रत्नपरीक्षा
12. सीवनम्
13. रंगपरिज्ञानम्
14. उपकरण क्रिया
15. मानविधि
16. आजीवज्ञानम्
17. तिर्यकयोनि चिकित्सम्
18. मायाकृत पाषंड समयज्ञानम्
19. क्रीडाकौशलम्
20. लोकज्ञानम्
21. वैचक्ष्यणम्
22. संवाहनं
23. शरीर संस्कारः
24. विशेष कौशलः।

निर्जीव कलाएँ

1. आयुप्राप्ति
2. अक्षविधानम्
3. रूपसंख्या
4. क्रियामार्ग
5. बीजग्रहणम्
6. नवज्ञानम्
7. करणादानम्
8. चित्राचित्रविधिः
9. गृहराशिः
10. क्षिप्रग्रहणम
11. तुल्याभिहार
12. लेखस्मृति
13. अग्निक्रम
14. छल व्यामोह
15. ग्रहदानम्।

सजीव कला

1. उपाख्यानविधि
2. युद्धम्
3. रुतम् (तंत्रीविद्या)
4. गतम्
5. नृत्तम्।

सयनोपचारिक कलाएँ

1. पुरुष का भाव ग्रहण
2. स्वराग प्रकाशन
3. प्रत्यंगदानम्
4. नखदन्तयोविचारः
5. नीवीसंस्रनम्
6. गुह्यस्यसंस्पर्शानुलोभ्यम्
7. परमार्थ कौशलम्
8. हर्षणम्
9. समानार्थताकृतार्थता
10. अनुप्रोत्साहनम्
11. मृदुक्रोधनिर्वतनम्
12. सम्यक् क्रोध निर्वतनम्
13. क्रुद्ध प्रसादानम्
14. सुप्तपरिस्यामः
15. चरमस्वापविधि
16. गुह्यगृहनम्।

उत्तर कलाएँ

1. साश्रुपात रमणस्थशापदानम्
2. स्वशपथ क्रिया
3. प्रस्थितानुगमनम्
4. पुनः-पुनः निरीक्षणम्।

अर्थस्रोतों का ज्ञान तथा अभ्यास

राजशेखर ने काव्य रचना के सन्दर्भ में कवियों के लिए अर्थ की प्राप्ति की सम्पन्नता एवं उसके मूल स्रोतों का विस्तारपूर्वक वर्णन किया है। उनके अनुसार काव्य की अर्थरचना प्रप्ति के **16 स्रोत** हैं—

(1) वेद (2) स्मृति (3) इतिहास (4) पुराण (5) प्रमाणविद्या (मीमांसा दर्शन एवं छः प्रकार के तर्कशास्त्र) (6) राजसिद्धान्तमयी (अर्थशास्त्र, नाट्यशास्त्र, तथा काम-शास्त्र) (7) सांसारिक तथा व्यावहारिक (8) विरचना (परम्परित पूर्व काव्य रचनाओं के आधार) (9) प्रकीर्णक (चौंसठ कलाएँ, आयुर्वेद, ज्योतिष, वृक्षशास्त्र, अश्वगज लक्षणादि) यह प्राचीन आचार्यों के मत से सम्बद्ध हैं। इसके अतिरिक्त 4 अर्थस्रोत और हैं—(1) उचित संयोग (2) योक्तृ संयोग (3) उत्पाद्य संयोग (4) संयोग विकार।

कवि अपने काव्यार्थ की समृद्धि के लिए इन स्रोतों का सदुपयोग करके ही अपनी रचना को समृद्ध बनाता है। काव्य की अर्थ रचना का संसार बड़ा ही जटिल है। कवि के अर्थ की उपासना शक्ति का निष्कर्ष निकालते हुए **राजशेखर** कहते हैं कि—

इत्थङ्कारं घनैरर्थैव्युत्पन्न मनसः कवे।
दुर्गमेऽपि भवेन्मार्गे कुंठिता न सरस्वती॥

जिस कवि का मन इस प्रकार इन घने अर्थों के विवेक से व्युत्पन्न होता है, उसकी वाणी दुर्गम मार्गों में भी कभीं कुंठित नहीं होती।

विविध अर्थस्रोतों से प्राप्त, काव्य विद्याओं का ग्रहण, अभ्यास तथा प्रयोग

कवि कर्म बड़ा ही जटिल है। अर्थ के सम्पूर्ण स्रोतों, लोक व्यवहारों तथा कलाओं के सम्यक् ज्ञान के पश्चात् काव्योपयोगी विद्याओं एवं उपविद्याओं का अध्ययन करके उसमें अपने चित्त को निरन्तर सन्निविष्ट एवं तल्लीन रखे। काव्य की भाषिक रचना की मुख्य विशेषताएँ **चार** हैं—

1. नामधातुयुक्त व्याकरण
2. नामकोश
3. छन्दशास्त्र
4. अलंकारशास्त्र

इन विद्याओं की सहयोगिनी 64 कलाएँ हैं। और 64 कलाओं के अतिरिक्त कतिपय जीवन स्रोत हैं, जैसे—कवियों की सत्संगति, लोक व्यवहार ज्ञान, प्राचीन काव्यों का मनन, काव्यगोष्ठियों में सहभागिता आदि।

इन सबके साथ आठ कवित्व माताएँ हैं और इन्हीं काव्यमाताओं के प्रभाव से कवि का सृजन सन्दर्भ पूरी तरह से सम्पन्न होकर फलता फूलता है—

स्वास्थ्यं प्रतिभाभ्यासो भक्तिर्विद्वत्कथा बहुश्रुता।
स्मृतिराढ्यमनिर्वेदम् मातरौऽष्टौ कवित्वस्य॥

"स्वास्थ्य, प्रतिभा, अभ्यास, भक्ति, विद्वत्कथा, बहुश्रुतता, स्मृतिदृढ़ता, और उत्साह ये आठ कवित्व की माताएँ हैं।"[1]

इसी के साथ कवि की दैनिक जीवन चर्या काव्य स्वभाव के अनुकूल तथा पवित्राचरण से सम्पन्न हो।

भारतीय संस्कृति में कवि दायित्व बड़ा ही महत्त्वपूर्ण माना गया है। **आचार्य भामह** ने बताया है कि—

छन्दशब्दोभिधानार्था इतिहासश्रया कथा।
लोकोयुक्तिः कलाश्चेति मन्तव्या काव्यगैह्यमी॥
शब्दाभिधेये विज्ञाय कृत्वातद्विदुपासनाम्।
विलोकान्यान्य निबन्धाश्च कृत्व कार्य काव्यक्रियापरः॥

"छन्द व्याकरण, कोश इतिहाश्रित कथाएँ, लोक व्यवहार तर्कशास्त्र और कलाओं का काव्य रचना के लिए मनन करना—

शब्द तथा अर्थ का सम्यक् ज्ञान प्राप्त करके, काव्यज्ञों की उपासना करके तथा अन्य रचनाओं को देखकर काव्य प्रणयन में (कवि सर्जक) को प्रवृत्त होना चाहिए।"

कविता एवं काव्य को कवि कर्म के रूप में परिभाषित किया गया है। जैसे, शिल्प कर्म, शिल्प रचना के अर्थ में प्रयुक्त होता है ठीक उसी प्रकार, काव्यकला के सर्जक कवि के कर्म को भी भारतीय चिन्तन में काव्य कहा गया है। जैसे कलाओं की सूची में क्रिया कल्प शब्द-काव्य की कलात्मक संरचना के लिए प्राचीनतम संज्ञा है। वाल्मीकि रामायण के उत्तरकाण्ड में 'काव्य रचना' के अर्थ में इसका प्रयोग मिलता है। 'क्रियाकल्पविदश्चैव' तथा 'काव्यविदोजनान्' अर्थात् कविता के 'रचनाकार एवं काव्य के ज्ञाता' क्रियाकल्पविद् एवं काव्यविद् हैं। बाद में, यह नाट्य रचना के अर्थ में प्रयुक्त हुआ **कालिदास** 'मालविकाग्निमित्र' नाटक में कहते हैं—

शिष्टाक्रिया कश्यचिद् कालिदासस्य मालविकाग्निमित्रसमाजैरुत्सवैर्दायैः क्रियाविधिभिरेव च।

1. काव्यमीमांसा—पं० केदारनाथ शर्मा सारस्वत, पृ० 87-130 तक

आचार्य दण्डी काव्यादर्श में इस परम्परा का उल्लेख करते हैं—

'वाचां विचित्रकर्माणां निबबन्धुः क्रियाविधिम्'

'कवि कर्म' इस प्रकार, अपनी शब्दार्थ की कलात्मक रचना के स्वभाव के कारण कलाओं की सूची में 'क्रियाकल्प' के नाम से रखा गया।

'कवि कर्म' के सन्दर्भ में 'काव्य' की व्युत्पत्ति कलात्मक रचनाव्यापार के रूप में की गई है। यह व्युत्पत्ति इस प्रकार है—'कु' धातु में इन् प्रत्यय लगाकर 'कव' पद बनाया गया जिसका अर्थ वर्णन है। 'कवि' शब्द 'कव' पद से बना है। 'कव' शब्द वर्णन या स्तुति के अर्थ में प्रयुक्त है। वर्णन या स्तुतिकर्त्ता कवि है और उसका 'कर्म' काव्य। कवि को शुक्राचार्य का पुत्र बताया गया है।

राजशेखर काव्यमीमांसा में इसकी व्युत्पत्ति इस प्रकार देते हैं। कवि शब्दस्य 'कवृ' वर्णने इत्यस्य धातोः। काव्यकर्मणारूपम् अर्थात् कवि कर्म ही काव्य है।

अभिनवगुप्तपादाचार्य इसको और स्पष्ट करते हुए कहते हैं कि—

'कवनीयम् इति काव्यम्'

अर्थात्, शब्दार्थ द्वारा काव्य कला की रचना करने वाले सर्जक को कवि तथा उसकी कृति को 'काव्य' कहते हैं।

इसीलिए, कविता के काव्यकला रचना स्वभाव को स्पष्ट करते हुए **आचार्य मम्मट** कहते हैं कि—

'लोकोत्तरवर्णना निपुण कविकर्म काव्यम्'

अर्थात्, लोकोत्तर आनन्द की प्राप्ति कराने वाला कवि कर्म ही काव्य है। **विद्याधर** बताते हैं कि—

'कवयीति कविः तस्य कर्मं काव्यम्'

काव्य की रचना करने वाला कवि है, कवि कर्म ही काव्य है। काव्य प्रकाश के टीकाकार **भट्ट गोपाल** बताते हैं कि—

'कौ इति शब्दायते विमृशति रसभावानिति कविः तस्य कर्म काव्यम्'

अर्थात्, 'कौ' धातु का अर्थ है—रस भाव आदि का विमृशन (काव्यरचना की व्यंजना के रूप में सृजित करना) और जो शब्दार्थ के माध्यम से रस एवं भावानुभूति को सृजित करके अनुभूति का विषय बनाता है, वह कवि है, उसके कर्म को काव्य कहते हैं।

इस प्रकार कवि या काव्य शब्द में 'कु' धातु, 'कवृ' धातु 'कौ' धातु रूपों की बात कही गई है—

1. 'कु' धातु से बने, कवि शब्द को सर्वज्ञ, क्रान्तिदर्शी, स्वयंभू (ब्रह्मारूप), सृष्टि के सर्वतत्त्वों का द्रष्टा, मनीषी, मेधावी, सर्वत्र प्रवेश की सामर्थ्य से युक्त, शुक्र पुत्र—इन रूपों में देखा गया है।
2. 'कवृ' धातु से बना कवि शब्द 'कवि वर्णना निपुणता' का सूचक हैं।

3. 'कौ' शब्द से बना कवि शब्दार्थ रचना के माध्यम से अपनी सामर्थ्य द्वारा भाव एवं रस द्वारा चित्त को आनन्दित करने की सामर्थ्य से युक्त है।

अपनी 'वर्णना शक्ति' के द्वारा कवि शब्दार्थ रचना में जीवन्तता का बोध कराता था और इस जीवन्तता बोध के लिए काव्यभाषा, के 36 लक्षणों, काव्य के दस गुणों, तीन पाकों, तीन रीतियों तथा भाषिक अलंकार एवं वक्रताविधान के भाषिक रचना संदर्भों को वह अपने कवि कर्म का आधार मानता था। **आचार्य भारत** ने 'काव्य लक्षणों' एवं गुणों की चर्चा नाट्यशास्त्र में विस्तारपूर्वक की है। उनके 36 काव्य लक्षण इस प्रकार हैं और इनके बिना कविता की रचना नहीं हो सकती—

मृदु ललित पदाढ्यं गूढ़शब्दार्थहीनम्
जन सुख पदबोध्यं युक्तिमन्नृत्य योज्यम्।
बहुरस कृत मार्गं सन्धिसन्धानयुक्तम्
स भवति शुभकाव्यं नाटक प्रेक्षमाणाम्॥

इसी के साथ उन्होंने काव्य गुणों तथा अलंकारों को समन्वित करके कवि कर्म की सिद्धि की कलात्मक चर्चा की है। वे 'कविकर्म' की सार्थकता को इंगित करते हुए कहते हैं कि—

अलंकारै गुणश्चैव बहुभिः समलंकृतम्।
भूषणैरिव चित्रार्थैस्तत् तत् भूषणमिति स्मृतम्॥

अर्थात्, अलंकार, गुण एवं काव्यभूषण की भाँति कविता एक सुन्दर रूपाकृति (form) है। इस रूपाकृति की रचना कवि शब्दों से बनाता है। कवि की इसी रचना को 'कवि कर्म' कहा जाता है। काव्य लक्षण भी कवि की इस रूपाकृति रचना में सहयोग देते हैं। आगे चलकर, काव्यपाक, रीति, वक्रताविधान को इसी रूपकृति विलक्षणता विधान की रचना के लिए प्रयुक्त किया जाने लगा।

'शब्दार्थ' वादी आचार्य भामह आदि ने बाद में शब्दार्थ रचनावाद के माध्यम से इसी 'कविकर्म' के स्पष्ट करने की चेष्टा की और यह अभिमत आजतक चर्चा का विषय बना हुआ है।

कवि कर्म रचना-शिल्पादि से इसलिए भिन्न है, क्योंकि इसका माध्यम भाषा है, भाषा-रेखा, रंग, स्वर रचना, ताल, नृत्य नहीं है। भाषा लोकात्मक अनुभूति एवं मानवीय समाज रचना के बीच पारस्परिक अर्थानुभव के आदान-प्रदान द्वारा जीवन यापन का अनिवार्य माध्यम भी है। इस 'भाषिक माध्यम' को सर्जनात्मक उपादान बनाने के कारण 'कवि कर्म' चित्र सर्जक, संगीतज्ञ, नर्तक आदि के दायित्वों से एक सीमा के बाद अपना पृथक् मार्ग बना लेता है। चित्रकला, स्थापत्य, वाद्य, नृत्य संगीत आदि में भी सर्जक की प्रतिभा, कल्पनाशक्ति, मौलिकता तथा भावात्मक संवाद स्थापित कराने की विविध प्रक्रियाओं को प्रयोग किया जाता है, लेकिन प्रक्रियाएँ मूक इंगित मात्र होती हैं। 'भाषिक प्रक्रिया' का प्रयोग एवं भावात्मक संवाद की सफलता

कवि कर्म की एक महत्त्वपूर्ण उपलब्धि होती है—और ऐसी स्थिति में कवि को प्रचलित भाषा द्वारा अपनी कलात्मक भाषा का निर्माण करना पड़ता है। कवि कर्म की पहली सार्थकता इसी बात में की होती है कि वह भाषा के किस कलात्मक स्वरूप की कितनी सार्थक प्रस्तुति करे ताकि विषयवस्तु की संवेदना तथा पाठक के बीच संवाद स्थापित हो सके। भारतीय कविता एवं कवि कर्म की पहली सजगता इस तथ्य से जुड़ी है। यह सत्य है कि इस प्रकार की दृष्टि कवि कर्म की प्राथमिक आवश्यकता है—फिर भी, भारतीयों ने भाषिक रचना के स्तर पर जो प्रयास किए हैं, वे श्लाघ्य है। काव्यभूषण, काव्यपाक, काव्य शैया, काव्य लक्षण, काव्य गुण, काव्य रीति, काव्यालंकार के वाह्यरूपों की व्याकरणिक, रूपात्मक, विशेषणपरक, संरचनात्मक तथा भंगिमापरक शैलियों तथा विधान माध्यमों के चिन्तन तथा प्रयोग इतने विस्तारपूर्वक अन्यत्र नहीं मिलते।

यद्यपि 'शब्द रचना' कविता की मूल भाषिक आवश्यकता है फिर भी, 'अर्थ रचना' को एक वस्तु 'Object' मानकर उसकी रूप रचना की विविधताओं का विश्लेषण तथा उपयोग किया गया है। 'भाषा' माध्यम है और अर्थ अनुभूति है। एक 'वस्तु' है तो द्वितीय अनुभूति संवेदना या वैयक्तिक अनुभव का धर्म है। भारतीय कवि कर्म 'शब्द' की भाँति 'अर्थ' को 'संवेदना एवं वैयक्तिक अनुभूति से भिन्न' एक गोचर वस्तु स्वीकार करता है। वह अपनी कृत्रिम भाषा में शब्द ही नहीं, अर्थ (वस्तु) को भी गढ़ता है—और यह अर्थ अपने में अनुभूति की वैयक्तिकता नहीं अनुभूति की वस्तुपरकता (Objectivity) है। भारतीय कवि कर्म के लिए अर्थ स्वयं में एक वस्तु है और उसमें वक्रता, सघनता, जीवन्तता, व्यंग्यवृत्ति, लाक्षणिकता, चमत्कृति, विमुग्धता, नैसर्गिकता जैसे धर्मों का प्रवेश कराकर कवि कर्म को सार्थक बनाता है।

इस अर्थ रचना की दो प्रस्तुतियाँ मिलती हैं—प्रथम वस्तुरूप कही जाती है और दूसरी व्यंग्यरूप। अर्थवस्तु ध्वनि, वक्रता, व्यंजना तथा लाक्षणिकता अर्थालंकार आदि से जुड़कर व्यंजना रूप अनुभूति को पाठक के संवाद का अंग बनाती है।

भाषिकविधान की इसी प्रक्रिया से आस्वादन का अंकुर रस के रूप में फूटता है। 'कौ' शब्द से निष्पत्ति देने वाली कविता, अपनी भाषिक संवाद शक्ति द्वारा पाठक को रसास्वादन की दशा तक ले जाकर सहृदय संवाद का सन्दर्भ बना देती है। भारतीय कवि कर्म की यह सर्वोच्च कसौटी मानी गई है।

यहीं भारतीय चिन्तनों ने कवि कर्म के सन्दर्भ में दूसरा भी प्रश्न उठाया है। जो भाषा काव्य के लिए कृत्रिम उपादानों के माध्यम से गढ़ी जाती है, वह अन्ततया लोकभाषा की ही प्रतिकृति या छायाविम्ब है या कहना चाहें तो कह सकते हैं कि वह लोकानुभूति का एक विशिष्ट रूप है। एक सीमा के बाद कविता की भाषा एवं लोक व्यवहार की भाषाओं को सामान्यतया पृथक् करके देखना सम्भव भी नहीं है। इसीलिए भारतीय कविता में लोक की अवधारणा उसकी आवश्यकता है।

भारतीय काव्य परम्परा में उपयोगी शास्त्रों का अध्ययन कवि के लिए अनिवार्य इसलिए बताया गया है कि वह किसी भी रूप में लोक की उपेक्षा न कर सके। सम्पूर्ण वेद, वेदांग, स्मृति, श्रुतियाँ, शास्त्र, पुराण, पुराकाव्य, सम्पूर्ण विद्याओं का भलीभाँति ज्ञान कवि के लिए इसीलिए आवश्यक है, ताकि किसी भी रूप में लोक का तिरस्कार न हो सके। **आचार्य राजशेखर** काव्य मीमांसा में बताते हैं कि काव्य के लिए शास्त्र ज्ञान अनिवार्य है। उनका कथन है कि जैसे बिना दीपक के अँधेरे में वस्तुओं का ज्ञान नहीं होता, उसी प्रकार शास्त्र ज्ञान के अभाव में काव्य की रचना की मूल स्थिति नहीं आ सकती—

शास्त्रपूर्वकत्वात् काव्यानां पूर्व शास्त्रेष्वभिनिवेशेत।
न ह्यप्रवृर्त्तितप्रदीपास्ते तत्त्वार्थ सार्थमध्यक्षयन्ति।।

कवि के लिए समस्त अपौरुषेय एवं पौरुषेय शास्त्रों का स्वरूप बोध हस्तामलकवत् होना चाहिए। इसका विवरण इस प्रकार है—

अपौरुषेय

1. **वेद**—ऋग्वेद, यजुर्वेद, सामवेद, अथर्ववेद।
2. **उपवेद**—इतिहास वेद, धनुर्वेद, गान्धर्ववेद, आयुर्वेद।
3. **वेदांग**—शिक्षा, कल्प, निरुक्त, व्याकरण, छन्दस्, ज्योतिष।

पौरुषेय

1. पुराण, आन्वीक्षकी, मीमांसा, स्मृति।

    पुराण—अठ्ठारह हैं। इन्हीं का एक अंग इतिहास है। एक नायक के आधार पर लिखे गए इतिहास एवं अनेक नायकों के आधार पर लिखे गए इतिहास के दो भेद हैं।

    मीमांसा—इसके दो 'भेद' हैं, कर्म मीमांसा (पूर्व मीमांसा) तथा ब्रह्म मीमांसा (वेदान्त शास्त्र)।

    स्मृति—वेद के अर्थों का अनुस्मरण करके धर्म का विवेचन धर्मशास्त्र स्मृति है। ये स्मृतियाँ अठ्ठारह हैं।

    आन्वीक्षकी—(तर्क विद्या) यह दो प्रकार की है—पूर्व पक्ष तथा उत्तरपक्ष पूर्वपक्ष में तीन दर्शन हैं—चार्वाक, बौद्ध, जैन और उत्तर पक्ष में भी तीन हैं—सांख्य, न्याय, वैशेषिक, इन तर्कों के तीन प्रकार की कथाएँ होती हैं—वाद, जल्प और वितंडा।
2. विद्याएँ 14 हैं—चार वेद, छः वेदांग एवं चार शास्त्र। इन विद्याओं के साथ 'काव्य' को जोड़ कर विद्याओं की संख्या पन्द्रह हो जाती है।
3. इन चौदह विद्याओं के साथ वार्ता, कामसूत्र, शिल्पशास्त्र, दण्डनीति (अर्थशास्त्र), इन चारों को जोड़ देने पर विद्याओं की संख्या 18 हो जाती है।

इनके साथ 'पाँचवी विद्या' साहित्य शास्त्र है, जो उक्त चारों विद्याओं का सारतत्त्व है। धर्म और अर्थ की प्राप्ति ही इन विद्याओं का फल है।

पचंमी साहित्य विद्या इति यायावरीयः सा तु चतसृणामपि विद्यानां निष्यन्दः। आभिर्धर्मार्थौ यद्विद्यात्तद्विद्यानां विद्यात्वम्।।[1]

इस प्रकार, लोकोपयोगी सम्पूर्ण ज्ञान, व्यवहार, तथा उनसे सम्बद्ध व्यवस्था का सम्यक् ज्ञान कवि के लिए अपेक्षित है। **राजशेखर** ने यहाँ तक बताया है कि कवि को केवल इस मर्त्यलोक के व्यवहार का ही ज्ञान अपेक्षित नहीं है अपितु उसके लिए पाताल या नाग लोक तथा स्वर्ग लोक (देव लोक) की सम्पूर्ण व्यावहारिक परम्पराओं का ज्ञान होना चाहिए। यही देश के ज्ञान के अतिरिक्त 'काल' का भी ज्ञान उसके लिए आवश्यक है—

देशं कालं च विभजमानः कविर्नार्थदर्शनदिशि दरिद्राति।

(अर्थात्, देश और काल के विभाग को समझ कर उसका विभाजन करने वाला कवि अर्थों के दर्शन की दिशा में दरिद्र नहीं रहता।)[2] 'देश विभाग' के अन्तर्गत सम्पूर्ण प्रदेशों की भिन्नताएँ, रहन-सहन, आचार-विचार, जीवन व्यतीत करने की चर्चा आदि-आदि तथा काल विभाग के अन्तर्गत ज्योतिष तथा देश की भौगोलिक एवं काल परिवर्तन की अवस्थाओं का ज्ञान अपेक्षित है। नाना प्रकार की ऋतुओं, प्रकृति परिवर्तन के विविध रूपों, कृषि विषयक परिवर्तनों, वायु, पुष्प गंध, जल-वर्षा, ऊष्मा, ताप, ठण्ड, पशु एवं उनके आचरणों को कवियों ने काल भाग से सम्बद्ध किया है।

इस प्रसंग में, इतना यह विस्तार इसलिए अपेक्षित है क्योंकि सम्पूर्ण अनुभव को व्यक्त करने के लिए हमारे पास एक भाषा है—वह लोक की भाषा है, और इसके द्वारा यह सम्पूर्ण व्यावहारिक अभिव्यक्ति को देता है। इसी लोक की भाषा में सृजित करके वह उसे कला की भाषा बना देता है। इस प्रकार, कवि का सृजन या कवि कर्म एक भाषिक सृजन से सम्बद्ध है, और इस सृजन की अर्थव्याप्ति, अनुभव संम्पृक्तता, लोकानुभूति से सह-सम्बद्धता सब कुछ लोकाश्रित ही है।

अतः कवि कर्म जहाँ एक ओर 'पाठक की' रस संवाद वृत्ति से जुड़ता है, वहीं दूसरी ओर, लोकधर्म की सम्पृक्ति उसके लिए अनिवार्यता है। इसीलिए काव्यसृजन की प्रक्रिया लोकधर्मिता के साथ लोकोत्तरधर्मिता से जुड़ी रहती है। परम्परित ज्ञान, लोक प्रचलन से सम्बद्ध अनुभव तथा सम्पूर्ण शास्त्रज्ञान को हस्तामलकवत् ग्रहण करके ही कवि काव्य कर्म में जुड़ता है। निश्चित ही, कवि कर्म एक बहुत बड़े दायित्व का संसूचक है।

□□□

---

1. काव्यमीमांसा—राजशेखर, सम्पादक तथा टीकाकार—श्री पंडित केदारनाथ शर्मा, सारस्वत, द्वितीय अध्याय।
2. वही, पृ० 226

काव्य रूप

काव्य रूपों की विविधता न केवल कलात्मक सुरुचि के विस्तार का प्रतीक है अपितु इसके मूल में समाज की बौद्धिक संस्कृति के विकास का भी सन्दर्भ सन्निहित है। पश्चिम की तुलना में केवल भारतीय दृश्य काव्य के प्रचलित भेद 28 हैं। दस रूपक तथा अट्ठारह उपरूपक। इन उपरूपकों का बाद में लोक की सांस्कृतिक चेतना के कारण अधिक विकास हुआ और मध्यकाल तक इनकी संख्या 22 हो चुकी थी। भारतीय चिन्तन में नाटक तथा गद्य दोनों के सर्जनात्मक रूपों को काव्य कहा गया है, जहाँ एक ओर 'काव्येषु नाटकं रम्यम्' कहा गया है तो दूसरी ओर 'गद्यं कवीनां निकषं वदन्ति' जैसा उद्धरण मिलता है। काव्य का एक भेद 'चम्पू' भी है और इन तीन विधाओं के बाद काव्य का वह प्रचलित स्वरूप हमारे सामने आता है, जिसे हम कविता (Poetry) के नाम से पुकारते हैं।

भारतीय कविता का विकास 'चरितात्मक गेय' काव्यों से हुआ होगा। ऐसा प्रतीत होता है कि वाल्मीकि रामायण एवं महाभारत जिन्हें आदि काव्य के रूप में स्वीकार किया जाता है, सूत, चारण तथा कुशीलव नामक जांतियों द्वारा गेय रहे होंगे। 'वाल्मीकि रामायण' के सन्दर्भ में कुशलव प्रकरण (कुशीलव चारण जाति) से सम्बद्ध हैं जिसने राम के दरबार (राज दरबार) में उन्हीं के चरित्र को गाकर सुनाया था। स्वयं वाल्मीकि ने इन्हीं चारण जातियों से रामकथा प्रणयन की प्रेरणा ली होगी (एवं कुशीलवा प्रकुवन्ति रामकथा विशारदः) स्वयं वाल्मीकि ने रामायण की रचना करके 'लवकुश' को गाने के सन्दर्भ में प्रशिक्षित किया। यही नहीं, सूत्रों ने महाभारत 'जय' रूप का विस्तार करके भारत और बाद में महाभारत का स्वरूप दिया। सूत, मागध, बन्दी, चारण, कुशीलव भरत आदि का महत्त्वपूर्ण योगदान भारतीय काव्य परम्परा के उद्भव से जुड़ा हुआ है। नाट्य भी प्रकारान्तर भाव से इन्हीं चारणों (नटों) से जुड़ा था। जो चारण नाट्य् व्यापार से जुड़े थे, उन्हें भरत (चारण) या नट कहा जाता था।

वाल्मीकि रामायण के अन्तर्गत उसके लिए विशेषण के रूप में 'चरित' या 'काव्य' शब्द का प्रयोग मिलता है। कहीं-कहीं इसके लिए 'कथावृत्त' शब्द का भी प्रयोग किया गया है। एक स्थान पर कहा गया है—

'पुरावृत्तमाख्यानम् संहितामृषिणां कृताम्'

इस प्रकार, यह एक 'संहिता रूप' भी है। ब्राह्मण संहिताओं के कथात्मक रूप से इसे जोड़ने की चेष्टा की गई है। उस युग तक महाकाव्य शब्द का प्रयोग नहीं होता

था। पुराणों से भिन्न विषयवस्तु एवं शैली के आधार पर इसे आख्यानक काव्य (इतिहास काव्य) कहा गया—

इक्ष्वाकूणमिदं तेषां राज्ञावंशे महात्मनाम्।
महदुत्पन्नमाख्यानम् रामायण इतिश्रुतम्।।

महान ऐतिहासिक (आख्यानक काव्य) जैसी संज्ञा से सम्भव है, महाकाव्य शब्द का नामकरण किया गया हो।

महाभारत तथा रामायण दोनों को 'चरित' कहा गया है और आगे चलकर इसे सर्गबद्ध नाम भी दिया गया।

राजशेखर ने एक राजा से जुड़े होने के कारण रामायण को **'परक्रिया'** कहा है और कई वंशों से सम्बद्ध काव्य जैसे महाभारत एवं रघुवंश को **पुराकल्प** के नाम से पुकारा है।

अश्वघोष के बुद्धचरित एवं कालिदास के कुमारसम्भव तथा रघुवंश के पूर्व महाकाव्यों की रचना की सूचनाएँ मिलती हैं। जैसे, परम्परा में पाणिनि कृत जाम्बवती विजय तथा पाताल विजय। कात्यायन (वररुचि) ई० पूर्व तीसरी शती ने **'वररुचि काव्यम्'** नामक काव्य लिखा था, जिसके विषय में राजशेखर ने काव्यमीमांसा में बताया है कि इसका नाम 'कंठाभरण' था।[1] वररुचि द्वारा 'आख्यायिका' लिखे जाने का भी उल्लेख मिलता है। आगे चलकर, प्रथम-दूसरी शती में सौन्दरनन्द ने 'बुद्धचरित तथा सौन्दरनन्द' नामक दो चरितात्मक महाकाव्यों की रचना की।

इन चरित काव्यों को सर्गबद्ध काव्य या महाकाव्य नाम से अभिहित किया गया।

काव्यरूप के विषय में सर्वप्रथम **आचार्य भामह** कृत 'काव्यालंकार' शीर्षक ग्रंथ में अत्यन्त विस्तारपूर्वक वर्णन किया गया है। उनके अनुसार कविता 'श्रव्यकाव्य' का विभाजन **चार** प्रकार से किया जा सकता है—

1. रूप विन्यास के आधार पर साहित्य के दो भेद हैं—गद्य और पद्य
2. भाषा के आधार पर तीन भेद किए जा सकते हैं—संस्कृत, प्राकृत तथा अपभ्रंश
3. विषयवस्तु के आधार पर—देवों से सम्बद्ध इतिवृत्त का वर्णन कवि द्वारा कल्पित विषयवस्तु, कलाश्रित, शास्त्रश्रित (जैसे भट्टिकाव्य)
4. स्वरूपविधान की दृष्टि से पाँच भेद किए जा सकते हैं—सर्गबद्ध, अभिनेय, आख्यायिक, कला, अनिबद्ध (मुक्तक)

यही सर्गबद्ध रूप महाकाव्य बना तथा अनिबद्ध मुक्तक। 'गीतिकाव्य' को भामह ने अर्थात् छठीं शती तक काव्य रूप के अन्तर्गत नहीं रखा गया था, यद्यपि

---

1. The Culture Heritage of India—भाग 5, संपादक—श्री सुनीति कुमार चटर्जी, पृ० 211

वाल्मीकि रामायण से ही कविता के स्वरूप को सम-विषम वृत्तों में गायन के अनुरूप मधुर अक्षरों के द्वारा निर्मित करने की परिपाटी मिलती है। सम्पूर्ण वाल्मीकि रामायण गेय काव्य ही है। भामह का समय ईसा की छठीं शती है और ऐसा प्रतीत होता है, इस कालखण्ड तक साहित्य का पर्याप्त विकास हो चुका था, वैसे भामह ने चम्पू काव्यों का उल्लेख नहीं किया। कविता एवं गद्य का विभाजन हो चुका था—संस्कृत, प्राकृत एवं अपभ्रंश तीनों भाषाओं में कविता लिखी जाने लगी थी। कलाश्रित (जैसे श्लेषकाब्य) शास्त्राश्रित (जैसे व्याकरणादि) को कविता में समेटने की परिपटी चल चुकी थी। कालिदास जैसे कवि ने रघुवंश का पूरा-का-पूरा एक सर्ग रूपकाश्रित रचा है।

तात्पर्य यह कि परम्परा से प्रचलित सर्गबद्ध (महाकाव्य) जैसे काव्यों के साथ कलात्मक कौशल एवं प्रतिभा का प्रदर्शन काव्यरूपों के माध्यम से शुरू हो चुका था।

भामह के बाद आचार्य दण्डी तथा रुद्रट ने प्राकृत के बाद की चौथी भाषा, 'अपभ्रंश' को भी काव्य रचना के व्यवहार की चर्चा की तथा बताया कि अपभ्रंश में मागधी, पैशाची एवं शौरसेवी में भी काव्य लिखे जा रहे हैं। इस प्रकार, भाषा कविता का प्रारम्भ इस साक्ष्य के आधार पर आठवीं शती है।

आचार्य दण्डी ने संक्षेप में अपने युग के काव्य रूपों का उल्लेख किया है—

गद्यं पद्यं च मिश्रं च तत् त्रिधैव व्यवस्थितम्।
पद्यं चतुष्पदी तत्त्व जातिरिति त्रिधा॥

1. **गद्य**—गद्य प्रमुखतः दो प्रकार का है—
   (क) वृत्तगन्धोझित गद्य (राग एवं छन्दरहित भावगद्य जो अपना भाव स्वभावतः करता हो)
   (ख) आख्यायिका आदि
2. **पद्य**—मुक्तक (एक छन्द), कुत्यक (दो छन्द प्रधान) कोष (तीन छन्द) प्रधान, संघात् (चार छन्द प्रधान रचना)
3. **सर्गबद्ध**—(महाकाव्यादि)

अपने काव्यालंकार के सोलहवें अध्याय में **आचार्य रुद्रट** ने काव्य के दो भेद किए हैं—

द्विधा प्रबन्धाः काव्याख्यायिकादयः काव्ये उत्पाद्यानुत्पाद्या महल्लघुत्वेन भूयो ऽ पि॥

काव्य, कथा, आख्यायिका के दो भेद हैं—उत्पाद्या, अनुत्पाद्या।

उत्पाद्या के अन्तर्गत समस्त लघु काव्य आते हैं और अनुत्पाद्या के अन्तर्गत मुक्तादि खण्ड कथाएँ।

आचार्य रुद्रट ने नई विधा 'खण्ड कथात्मक' काव्य के विषय में उल्लेख किया है।

आचार्य **वामन** ने इस विषय में काव्यालंकार सूत्र के अन्तर्गत संक्षिप्त रूप से विचार किया है। परम्परा के अतिरिक्त इन्होंने बताया है कि साहित्य के दो भेद हैं—गद्य तथा पद्य। पद्य दो प्रकार का है—निबद्ध (माले की तरह भलीभाँति बनाया तथा सजाया हुआ) एवं द्वितीय है, अनिबद्ध (जो फूलों की बिखरी हुई पंखुरियों के सदृश्य बिखरा पड़ा हो) अर्थात् मुक्तकादि। इनका शेष वर्णन परम्परित ही है।

ध्वन्यालोक के अन्तर्गत आनन्दवर्धन ने ध्वनि के विवेचन के सन्दर्भ में इसके तृतीय अध्याय के अन्तर्गत काव्य के निम्नलिखित रूपों का उल्लेख किया है—(1) श्रव्य काव्य (2) दृश्य काव्य (3) गद्य काव्य (4) चम्पू।

1. **श्रव्य काव्य** की उन्होंने लम्बी तालिका दी है—
   (क) (1) मुक्तक (एक श्लोक), (2) सन्दान्तिक (दो श्लोक), (3) विशेषक (तीन श्लोक), (4) कलापक (चार श्लोक), कुलक (पाँच श्लोकमयी रचना)।
   (ख) खण्ड काव्य—इसका दूसरा नाम पर्यायबन्ध बताया है तथा एक नए काव्य रूप का उल्लेख किया है, वह है—'अनेक वृत्तान्त वर्णन' (इसके तीन भेद हैं—परिकथा, सकल कथा, खण्ड कथा)।
   (ग) सर्गबन्ध रूप महाकाव्य।
2. **नाटकादि दृश्यकाव्य**
3. **गद्यकाव्य**—आख्यायिका, कथा, चम्पू

आचार्य भोज ने काव्यरूपों का अत्यन्त विस्तारपूर्वक वर्णन अपने 'श्रृंगार प्रकाश' में किया है।

काव्य को उन्होंने अनभिनेय श्रव्यकाव्य कहा है। उनके अनुसार इसके तीन भेद हैं—(1) आख्यायिका (2) बन्ध (3) चम्पू।

1. **आख्यायिका** के निम्नलिखित स्वरूप हैं—आख्यायिका, उपाख्यान, निदर्शन, प्रवाहिका, मन्थुल्ला, मणिकुल्ला, कथा, परिकथा, खण्ड कथा, उपकथा
2. **बन्ध**—
   (क) पर्वबन्ध (महाभारत), काण्डबन्ध (वाल्मीकि रामायण), सर्गबन्ध (संस्कृत के महाकाव्य), आश्वासथ्य (प्राकृत के महाकाव्य), सन्धिबन्ध (अपभ्रंश के महाकाव्य), अवस्क बन्ध (प्राकृत तथा अपभ्रंश के महाकाव्य), काव्य शास्त्र (संस्कृत जैसे मुद्राराक्षस), शास्त्र काव्य (शास्त्र में काव्य का निवेश), काव्यमीमांसा (मीठी वाणी में संस्कृत के काव्यशास्त्र कोश (संकलित श्रेष्ठ पद्य), संघात् (मेधदूत), संहिता (यदुवंश के मनीषियों का वृत्तान्त), साहित्य प्रकाश (जिसमें व्याकरण, शास्त्रादि अनेक विद्याओं को काव्य के माध्यम से समझाया गया है। जैसे (भट्टिकाव्य)।

(ख) मुक्तक, युग्मक, नितक, सान्दनितक तथा कुलक। ये क्रमशः 1, 2, 3, 4, 5 छन्दों वाले काव्य रूप हैं।

3. **चम्पू** तद्वत् है।

आचार्य भोज का समय 11वीं शती है, अर्थात् भामह (छठीं शती) से लेकर भोज तक भारतीय काव्य रूपों का व्यापक विस्तार हुआ।

प्रायः पाँच छः सौ वर्षों में भारतीय श्रव्यकाव्य रूपों की व्यवस्था में स्थिरता आ चुकी थी, और इसका एक प्रमाण कविराज विश्वनाथ कृत साहित्य दर्पण (14वीं शती) है।

श्रव्य काव्य के तीन रूप हैं—(1) गद्य (2) पद्य (3) चम्पू

1. **गद्य** के अन्तर्गत वृत्ति गंधिका, उत्कलिका प्राय, चूर्णक और आख्यायिका हैं।
2. (क) **मुक्तक**—युग्मक, सन्दान्तिक, कलापक तथा कुलक भी परम्पराबद्ध हैं।
   (ख) **सर्गबद्ध**—महाकाव्य
   (ग) **काव्य**—खण्डकाव्य—काव्य का एक अंश
   कोष—परस्पर निरपेक्ष पद्य समूह
   व्रज्या—एक स्वभाव वाले एक ही रचनाकार के छन्दों का संकलन

भारतीय काव्यशास्त्र के अन्तर्गत इन्हीं काव्यरूपों (Type of poerty and creative literature) की चर्चा की गई है। ये काव्य रूप मूलतः दो विधाओं से जुड़े हैं—1. प्रबन्धात्मक तथा मुक्तक। मुक्तकों को पाँच भागों अर्थात् एक से लेकर पाँच छन्दों के समवाय रूप से सम्बद्ध किया गया है, किन्तु सामान्यतया मुक्तक एक श्लोक बद्ध (छन्दबद्ध) रचना जो अपने में परिपूर्ण हो तथा चमत्कार सृजन में पूरी तरह से सक्षम एक इकाई हो। प्रारम्भ में महाकाव्य को सर्गबद्ध ही कहा जाता रहा और उसके लक्षण निर्धारण में उसकी सर्गबद्धता का सबसे पहले स्मरण किया जाता रहा है। सर्वप्रथम नैतिक मूल्यों की स्थापनाओं के कारण इन महाकाव्यों में धीरोदात्त नायक की रचना की परिकल्पना की गई और धर्म, अर्थ, काम, मोक्ष आदि चतुर्थ पुरुषार्थी में धर्म तथा मोक्ष को प्रधानता दी गई। भारतीय महाकाव्य सामान्यतया दो संरक्षणों में विकसित हुए हैं—प्रथम, धर्माश्रय तथा द्वितीय राजाश्रय। राजाश्रय से जुड़े महाकाव्य कलाश्रयी या अर्थाश्रयी चेतना से सम्बद्ध रहे—'कुमार सम्भव' जैसे धार्मिक परम्परा से जुड़ी कथा दृष्टि में उनकी कलात्मक चेतना हावी है और पार्वती तपस्या से लेकर कुमारजन्म तक की उनकी कथा में 'काम वृत्ति' सजग है। कालिदास का 'रघुवंश' जीवन्मूल्यों का काव्य न होकर कलात्मक चेतना की प्रधानता का काव्य है। ऋतुसंहार तथा मेघदूत भी कामचेतना से जुड़े दिखाई पड़ते हैं। कालिदास के परवर्ती महाकाव्य केवल कला विलास एवं वैचित्र्य तथा वैदुष्य प्रदर्शन के काव्य हैं। जीवन मूल्यों के सम्बन्ध में इधर-उधर उनमें टिप्पणियाँ देखी जा सकती हैं किन्तु वाल्मीकि रामायण एवं महाभारत की मूल्य परम्परा पूरी तरह से यहाँ समाप्त है। भारवि (किरातार्जुनीयम्), श्री हर्षकृत नैषधीयचरित, माघकृत शिशुपाल वध आदि महाभारत

के कथानक से सम्बद्ध होते हुए भी ललित परम्परा के काव्य हैं। श्लेष काव्य के रूप में इनका परवर्ती विकास विशुद्ध कलात्मक है।

ठीक इसके विपरीत धर्माश्रय से जुड़े मूल्य परम्परा के महाकाव्यों की एक लम्बी तालिका है, जो हमें बौद्ध एवं जैन परम्परा में मिलती है। अश्वघोष कृत सौन्दरनन्द एवं बुद्धचरित तथा परवर्ती काल में लिखे गए आर्यसूद कृत जातक माला एवं मातृचेता द्वारा शतपंचाशिका स्तोत्र एवं चतुशतक स्तोत्र मूल्य परम्परा के काव्य हैं। जैन साहित्य में भी नैतिक तथा मानवीय मूल्यों से जुड़े काव्यों की एक लम्बी तालिका दिखाई पड़ती है। रविसेन कृत पद्मचरित, विमल सूरिकृत पौउमचरिक, जिनसेन कृत हरिवंश पुराण, जय धवल कृत पार्श्वाभ्युदय काव्य आदि इस परम्परा के प्रमुख उदाहरण है।

शैव साहित्य में 'स्तोत्र' के माध्यम से मूल्य परम्परा से जुड़े काव्यों की परम्परा हमें पाँचवीं शती से मिलने लगती है। जिसमें भक्ति तथा काव्य का अद्‌भुत समन्वय है। महाकवि पुष्पदन्त कृत 'शिवमहिम्नसूत्र' शिखरिणी छन्द का अद्‌भुत काव्य है।

भागवत् परम्परा के प्रचार के बाद 'गीति' माध्यम से आध्यात्मिक आनन्द एवं भक्ति से सम्बद्ध 'गीत' रूपों का प्रचार-प्रसार अधिक हुआ और इस सन्दर्भ में दक्षिण भारत के आलवार एवं अडियार भक्तों को विशेष रूप से स्मरण किया जाता है।

भारतीय कविता के दोनों स्रोत लौकिक तथा आध्यात्मिक (कलात्मक तथा मूल्यवादी) संदर्भो का इतिहास निश्चित ही प्राचीन है। कलावादी काव्य परम्परा 'शृंगार रस' को काव्य के मूल में स्वीकार करती है तथा अध्यात्मिक मूल्यवादी परम्परा 'शान्त रस' को 'अङ्गिरस' रस बताकर अन्य सभी रसों का उद्‌भव एवं समापन उससे सम्बद्ध करती है।

इस प्रकार भारतीय काव्य रूपों की चर्चा करते समय हमें केवल, महाकाव्य, खण्ड काव्य, प्रकीर्णक, चम्पू मुक्तक आदि को ही तालिका में नहीं रखना चाहिए अपितु चरित काव्य, स्तोत्र एवं गीतों का भी काव्य रूपों से सम्बद्ध स्वीकार किया जाना चाहिए।

ये काव्यरूप निश्चित रूप से हमारी भारतीय कलादृष्टि एवं जीवन मूल्यों के प्रति आध्यात्मिक एवं नैतिक चिन्तन की श्रेष्ठता तथा व्यापकता के सूचक हैं। इन काव्य रूपों के माध्यम से मानवीय जीवन के चिन्तन का जो विशाल परिवेश हमारे सामने उपस्थित होता है, वह आज भी हम भारतीयों के लिए गौरव का विषय है।

□□□

काव्यात्मा की समस्या

(काव्य संरचना का मूलाधार)

संस्कृत साहित्य में काव्यात्मा का प्रश्न छठीं शती से उठाया जाने लगा था और इसके मूल में काव्य संरचना के मूलाधार का प्रश्न भी जुड़ा था। काव्य संरचना के मूल तत्त्व या मूलाधार का अर्थ वह तत्त्व है, जो काव्य शरीर में चैतन्य उत्पन्न करके उसे जीवंतता की श्रेणी में ले आता है। दूसरे शब्दों में कविता का जीवन्त तत्त्व कौन-सा है, काव्यात्मा का प्रश्न इसी समस्या से जुड़ता है।

सामान्य रूप से कविता को कला की श्रेणी के अन्तर्गत रखने के कारण उसके स्वरूप रचना का प्रश्न सबसे पहले उठाया गया और बताया गया कि कविता का शरीर-निर्माण शब्दार्थ तत्त्वों के संयोग से होता है।

'शब्दार्थ की संयोग सिद्धि' सहितता स्वयं में एक सर्वथा जटिल शब्द है क्योंकि इसी शब्दार्थ के वाह्यरूप से कविता के भौतिक स्वरूप (आकृति) का निर्माण होता है और इसी शब्दार्थ के आन्तरिक स्वरूप से कविता की संरचना का मूलाधार भी दीप्त होकर सामने आता है। फिर भी, काव्यात्मा की खोज या व्याख्या के लिए इस शब्दार्थ के वाह्य तथा आन्तरिक तत्त्वों अर्थात् दोनों का विश्लेषण करना अपेक्षित है। इस सन्दर्भ में कालिदास के 'रघुवंशम्' का श्लोक सामने रखकर देखें तो स्थिति इस प्रकार आती है।

वागर्थविव संपृक्तौ वागर्थ प्रतिपत्तये।

इस श्लोकार्थ में दो समस्याएँ रखी गई हैं—

1. शिव एवं पार्वती अर्धनारीश्वर की मुद्रा में वागर्थ की भाँति समृक्त हैं। एक ही चित्र में एक ओर से देखें तो 'शिव' दिखाई पड़ते हैं, दूसरी ओर से देखें तो पार्वती। ठीक इसी प्रकार किसी कविता को हम पाठ की दृष्टि से देखें तो अर्थ नहीं शब्दार्थ की वस्तुरचना का सौन्दर्य दिखाई पड़ेगा और अर्थ रचना सामने न आकर पीछे हो जाती है और यदि उस कविता का अर्थ रचना की दृष्टि से विचार करें तो शब्द का पक्ष सामने नहीं आता। कविता में दोनों पृथक्-पृथक् सम्पृक्त होकर दोनों एक हैं किन्तु दूसरे क्षण के लिए पृथक्-पृथक् भी।

2. 'वागर्थ प्रतिपत्ति' का अर्थ है—वागर्थसिद्धि। वागर्थसिद्ध का अर्थ है—कविता से पाठक को जो कुछ भी मिलता है, वह वागर्थ से ही सम्बद्ध है—वक्रता, अलंकरण, चमत्कृति, गुण तथा रीतिविन्यास आदि वाणी के कलात्मक सन्दर्भ जिन्हें वाक् सिद्धि कहा गया है, ये किसी अन्य के परिणाम न होकर वागर्थ की प्रतिपत्ति की

सिद्धि हैं। इस शब्दार्थ सम्बन्ध रूप काव्य के विविध पक्षों की भारतीय आचार्यों ने कई प्रकार से व्याख्या की है। संक्षेप में, ये इस प्रकार हैं—

आचार्य वामन ने शब्दार्थ को काव्य शरीर बताया है। नमि साधु ने शब्दार्थ के तीन रूपों की व्याख्या की है, शब्दार्थ का धर्म मुख, व्यापार मुख एवं व्यंग्यमुख होना, दूसरी काव्यगत विशिष्टता है। धर्ममुख के अन्तर्गत अलंकार तथा गुण (रीति भी), व्यापार मुख के अन्तर्गत वक्रोक्तिसिद्धान्त, एवं भट्टनायक का भोगीकृत रूप रस सिद्धान्त एवं व्यंग्यमुख के अन्तर्गत आचार्य अभिनव गुप्त का ध्वनि सिद्धान्त है। इस प्रकार, काव्य का समस्त प्रपंच 'शब्दार्थ' से ही सम्बद्ध है।

इस शब्दार्थ रूप काव्य के सर्वाधिक शक्तिशाली प्रभाव तत्त्व की तलाश काव्यात्मा है। काव्यात्मा के प्रश्न को समझाने के लिए शास्त्रकारों ने 'युवती रूपक' का भी आधार ग्रहण किया गया है। शरीर की आकृति को वाह्य शब्दार्थ स्वीकार किया है, उसकी शरीर तथा वाणी की भंगिमाएँ वक्रोक्ति है, रस काव्यात्मा है।

राजशेखर काव्यमीमांसा में काव्य पुरुष का वर्णन काव्य युवती रूपक से थोड़ा हटकर करते हैं—

शब्दार्थौ ते शरीरं, संस्कृत मुखं, प्राकृतं वाहुः, जघनमप्रभंशः पैशाचं पादौ, उरो मिश्रं। उक्ति चणं च ते वचो, रस आत्मा, रोमाणि छन्दासि आदि-आदि।

कविता युवती या काव्य पुरुष के जो भी स्वरूप बताए गए हैं, वे शब्दार्थ से ही सम्बद्ध हैं। यहाँ रस काव्यात्मा है।

काव्य रचना के सन्दर्भ में काव्यात्मा का प्रश्न उठता है और इन्हीं के साथ 'रस काव्यात्मा है या नहीं' यह विवाद का प्रश्न है किन्तु काव्य संरचना की दृष्टि से उसका वह मूल तत्त्व कौन-सा है, जो उसकी जीवन्तता का कारण है, भारतीय काव्य शास्त्र में इस पर एक लम्बी बहस वर्तमान है। संक्षेप में, ऐतिहासिक सन्दर्भ में इसका विवेचन इस प्रकार है।

काव्यात्मा की समस्या का सर्वप्रथम उल्लेख आचार्य वामन के काव्यालंकार सूत्र के अन्तर्गत किया है। उन्होंने बताया है कि—

'रीतिर्नामयेयमात्मा काव्यस्य। शरीरस्येवेति वाक्यशेषः'

शब्दार्थ से सम्बद्ध वाक्य काव्य का शरीर है और उसकी आत्मा रीति है। यदि किसी वाक्य में काव्य गुणों से सम्पृक्त रीति का प्रवेश नहीं हो तो वह वाक्य मृत (काव्य शून्य) है। यहाँ आत्मा का अर्थ कविता का वह प्रधानभूत तत्त्व है जिसके अभाव में उसके शरीर को काव्य की संज्ञा ही नहीं दी जा सकती है। आचार्य वामन के अनुसार काव्य के प्रमुख तत्त्व गुण, अलंकार एवं रस अपना स्वतंत्र अस्तित्व न रखते हुए रीति में समाविष्ट होकर उसके स्वरूप का निर्माण करते हैं, अतः गुण, अलंकार एवं रस रीति के सहायक तत्त्व हैं और प्रमुख तत्त्व रीति है। यह इस प्रकार है—

1. काव्य के शोभा विधयक धर्म का नाम गुण है।

2. काव्यार्थ एवं भाव की अतिशयता के विधायक तत्त्व अलंकार हैं।

आचार्य वामन का कथन है कि यह अतिशयता गुण में समाविष्ट होकर काव्य शोभा के विधान में सहायता पहुंचाती है। काव्य शोभा विधान से निर्मित काव्य तत्त्व ही रीति है। रसादि तो कान्ति गुण में प्रवेश करके उसमें चित्तद्रावकता उत्पन्न करते हैं। उनके मत के अनुसार, यही रीति ही काव्यात्मा है।

वामन का आशय यहाँ काव्य के स्वरूप की रचना तथा उसके स्वभाव के निर्माण से है, जिसकी ग्राह्यता का कारण गुण, अलंकार तथा रस है। काव्य स्वयं में एक सरस भाषा का विधान है, जो ओज, प्रसाद, माधुर्य गुणों से दीप्त अपनी भौतिक रचनात्मक प्रकृति के कारण पाठक के चित्त को अभिभूत करता है। भाषिक संरचना से पाठक के चित्त में उत्पन्न भावात्मक दीप्ति कविता का मूलधर्म है। अर्थरचना एवं भाव रचना का प्रश्न इसी से उठता है। कविता अपनी भाषिक निर्मिति से कविता है—और इस भाषिक निर्मिति का मूलाधार रीति है, इसीलिए वह काव्यात्मा है। आचार्य वामन आत्मा का तात्पर्य कविता के प्रधानभूत तत्त्व से लगाते हैं और कविता का अस्तित्व शब्दार्थ निर्मित उसके भौतिक स्वरूप से सिद्ध होता है।

काव्यात्मा के सन्दर्भ में अलंकारवादियों ने बाद में प्रश्न उठाया है और यह स्वीकार किया है, अलंकार ही काव्य के चैतन्य का कारण है। इसी प्रकरण में इन विचारकों ने "सौन्दर्य अलंकारः, वैचित्र्यमलंकारः, चारुत्वं अलंकारः, शब्दार्थयोः विच्छितिं अलंकारः" जैसे पदों का प्रयोग कविता और अलंकार के सापेक्षिक सन्दर्भ को ध्यान में रखकर किया है।

आज कविता का मूल्यांकन सौन्दर्य बोध की विविध अवधारणाओं को केन्द्र में रखकर भी किया जाता है और कविता के इस सौन्दर्य बोध सन्दर्भ के दो पक्ष हैं। प्रथम, संरचना पक्ष द्वितीय आस्वाद पक्ष। अलंकार रचना का मूल मन्तव्य संरचनात्मक बोध से जुड़कर अनुभूति के स्तर पर उसमें भावों का उत्कर्ष की सृष्टि करता है। अलंकारवादियों ने अलंकार के लिए सीधे-सीधे आत्मा शब्द का प्रयोग तो नहीं किया है किन्तु उसे सर्वाधिक जीवन्त तत्त्व माना है। इस जीवन्तता के लिए भाषा में अर्थ के स्तर पर कलात्मक भंगिमा से परिपूर्ण करके सादृश्य, आरोप, साम्य, वैषम्य, न्याय आदि का कविता में उपयोग करके पाठकों में अन्तश्चमत्कार, विमुग्धता रंजन, कौतूहल तथा भावोत्कर्ष की सृष्टि करते हैं।

अलंकार का सम्बन्ध कविता के रूप विधान और अनुभूतिविधान दोनों से ही है और भारतीय दृष्टि भी यही रही है कि मनुष्य की जीवन्त अनुभूति के स्थान पर शब्दार्थ के माध्यम से एक कलात्मक सृजन पहले और अन्त में भी है। आचार्य भरत से लेकर पण्डितराज जगन्नाथ तक इस दृष्टिकोण में विशेष बदलाव नहीं आया था कि कविता एक वस्तु निर्मिति नहीं है और यह निर्मिति शब्दार्थ से ही बनती है और पाठक के चित्त को मुग्ध करती है। गुणवादियों की भाँति अलंकारवादियों ने इसीलिए दोनों विधानों के अनुरूप शब्दालंकार तथा अर्थालंकार की मान्यताओं को इसके आधान का

आधार निर्मित किया। अलंकार का मूलधर्म अतिशयता का सर्जन करके काव्य को ग्राह्य बनाना रहा है। अतिशयता का अर्थ है, कथन में निहित उत्कर्ष विधान जो सामान्य कथन से काव्य वाक्य को भिन्न रूप प्रदान करता है। गुण तथा काव्य लक्षण आदि भी यही कार्य करते हैं किन्तु उनका सम्बन्ध भाषा के नैसर्गिक धर्म (गुण) या सौन्दर्य से है। अलंकार उत्कर्षविधान के कारण भाषिक रचना में अतिरंजकता उत्पन्न कर पाठक के चित्त को चमत्कृत करता है। आलंकारिक वक्रोक्तिविधान का भी यही दायित्व है। **भामह** स्पष्ट शब्दों में कहते हैं कि—

वाचां वक्रार्थ शब्दोक्तिः अलंकाराय कल्पते।

अलंकारवादियों ने वक्रताविधान या अतिशयताविधान के माध्यम से कविता के शब्दार्थ सृजन को मूल आधार बताया है।

अलंकार सिद्धान्त के समानान्तर वक्रोक्तिकंार **कुन्तक** भी कविता की जीवन्तता का आधार वक्रता को स्वीकार करता है। वे वक्रता को परिभाषित करते हुए कहते हैं कि—

शब्दार्थौ सहितौ वक्र कवि व्यापारशालिनि।
बन्धे व्यवस्थितौ काव्यं तद्विदाह्लादकारिणि॥

इसमें निम्नलिखित बिन्दु उभर कर सामने आते हैं—

1. शब्दार्थ मिलकर काव्य बनाते हैं,
2. शब्दार्थ की इसी सहितता की वक्रता को काव्य कहते हैं,
3. इस शब्दार्थ सहितता से युक्त वक्रता का नाम वैदग्ध्यभंगी भणिति भी है।

'विदग्धतायुक्त भंगिमा' के अभाव में काव्य का कोई अस्तित्व नहीं है। मनोरथ नाम के कवि की उक्ति है—

व्युत्पन्नं रचितं न चैव वचनैर्वक्रोक्ति शून्यं च यत्'

अर्थात्, बिना वक्रोक्ति भंगिमा के काव्यत्व का निर्माण नहीं होता।

परवर्ती शास्त्रकारों ने वक्रोक्ति की इस अनिवार्यता का खंडन करते हुए उसे तीन भागों में विभक्त किया, वक्रोक्ति, रसोक्ति एवं स्वभावोक्ति। इन परवर्ती आलोचकों ने उक्ति को काव्यसृजन का मूल हेतु माना और इस उक्ति को तीन भागों में विभक्त किया। आचार्य भोज इस सन्दर्भ में कहते हैं कि—

वक्रोक्तिश्च रसोक्तिश्च स्वभावोक्तिश्च वाङ्मयम्। महिमभट्ट जैसे शास्त्रकार अनुमान के अन्तर्गत वक्रोक्ति का समाहार करके उसकी स्वतंत्र अवधारणा पर प्रश्नचिह्न उठाते हैं।

औचित्यवादी आचार्य क्षेमेन्द्र ने अपनी कृति औचित्यविचार चर्चा के अन्तर्गत इसे कविता का अपरिहार्य तत्त्व माना है। यहाँ औचित्य के प्रसंग में कहा जा सकता है कि यह सर्जक की वह रचनात्मक सजगता है, जो प्रतिक्षण उसे औचित्य के प्रति जागरूक रखे। वक्रोक्तिकार **कुन्तक** ने इसीलिए सर्वप्रथम इसके इस पक्ष की ओर ध्यान आकर्षित करते हुए कहा था कि—

अञ्जनेन स्वभावस्य महत्त्वं येन पोष्यते।
प्रकारेण तदौचित्यं उचिताख्यान जीवितम्॥

इस औचित्य को **क्षेमेन्द्र** ने काव्य का सर्वोच्च जीवित तत्त्व इंगित किया है—

औचित्यस्यचमत्कारकारिणश्चारुचर्वणे ।
रस जीवितभूतस्य विचारं कुरुतेऽधुना॥

औचित्यविहीन पद, प्रसंग, वाक्य, प्रकरण, प्रबन्ध, रस, ध्वनि, वक्रोक्ति रीति, अलंकरण गुणादि सभी निन्द्य है, अतः औचित्य कविता का श्रेष्दतम तत्त्व है।

इस सन्दर्भ में विचारणीय यह है कि क्या यह कोई काव्य सिद्धान्त है, स्पष्ट है, नहीं। यह प्रत्येक कला एवं विद्या के क्षेत्र में प्रयोक्ता की समझ, कुशलता, प्रतिभा एवं सक्षमता का प्रतिफल है और साहित्य के अन्तर्गत भी इसका यही औचित्य है।

वस्तुवादी रचनाकारों में रीति, अलंकार एवं वक्रोक्ति विधानवादियों ने अपने सिद्धान्तों को काव्य का जीवन्त तत्त्व स्वीकार किया किन्तु उनकी मान्यताएँ भारतीय चिन्तन में आगे न बढ़ सकीं। ध्वनि तथा रस सिद्धान्त की परवर्ती काल में व्यापक विवेचना ने इन वस्तु रचनावादी सिद्धान्तों को पीछे छोड़ दिया। भारतीय ध्वनि तथा रसवादी चिन्तनों ने काव्य रचना के सन्दर्भ में प्रश्न उठाया कि कविता की वस्तुरचना में उसकी प्रतीति की अपरिहार्यता है, और इस वस्तुरचना को युवती के शरीर से उपमित करने की चेष्टा की। एक युवती का शरीर यदि न हो तो आत्मा और चैतन्य की कल्पना ही नहीं हो सकती। ठीक उसी प्रकार यदि शब्दार्थ युक्त गुण, रीति, अलंकरण एवं नाना प्रकार की शारीरिक विलासभंगिताओ से रचा हुआ काव्य का यदि भौतिक शरीर न हो तो ध्वनि एवं आत्मा की बात हम कैसे कहेंगे। ध्वनि एवं रसवादी आचार्य इसी का खंडन करते हुए कहते हैं कि क्या वाक्य शरीर को सर्वस्व मान लिया जाए, उनका उत्तर है, नहीं, ऐसा करने पर पशुत्व एवं मानवत्व में कोई अन्तर नहीं होगा। आत्मा या चैतन्यविहीन शरीर का कोई अर्थ नहीं होता। रसविहीन काव्य-शरीर मृत है। कविता रस के अभाव में केवल अलंकरण या विलासभंगिमा की वस्तु मात्र रह जाएगी। इसलिए कविता के भौतिक शरीर के महत्त्वपूर्ण उसके वे तत्त्व हैं जिनके निमित्त यह भौतिक शरीर निर्मित किया गया है। इन ध्वनिवादी रसवादी शास्त्रकारों के मतानुसार कविता के भौतिक स्वरूप से महत्त्वपूर्ण उससे व्यंजित होने वाला मन्तव्य है। यह मन्तव्य आस्वादन रूप तथा मूल्यरूप में काव्य का व्यंजित होने वाला अनिवार्य धर्म है। इसीलिए यही कविता की आत्मा है। **आनन्दवर्धन** कहतें हैं कि—

1. **काव्यस्यात्माध्वनिरितिबुधैर्यः समम्नातपूर्व।**
2. **अर्थ सहृदय श्लाघ्यः काव्यात्मा यो व्यवस्थितः।**
   वाच्य प्रतीयमानाख्यौ तस्यभेदावुभौ स्मृतौ।
3. **काव्यस्यात्मा स एवार्थस्तथा चादिकवे पुरा।**
   क्रौंचद्वन्द्ववियोगत्थः शोकः श्लोकत्वमागतः॥

ध्वनिकार के अनुसार ध्वनि से पृथक् रस सिद्धान्त को छोड़कर अन्य सिद्धान्त सर्वथा अपने में अपर्याप्त हैं तथा सभी ध्वनि के अन्तर्गत समाहित होकर सार्थकता प्राप्त करते हुए अन्ततया ध्वनि रूप रस की ही व्याख्या करते हैं। सम्पूर्ण काव्य सिद्धान्त कारण हैं, रस कार्य है।

ध्वनिवादियों ने इसके लिए अतिरिक्त भी तर्क दिया है कि यदि रीति, सिद्धान्त केवल रीति के लिए है तो वह सर्जक को सार्थकता नहीं दे सकती। इसी प्रकार यदि अलंकार या वक्रता का काव्य में नियोजन केवल अलंकरण या वक्रता के लिए किया जाए तो उसकी रचनात्मक सार्थकता अस्तित्व शून्य एवं सामाजिक सन्दर्भ में केवल निष्प्रयोजन बन जाएगी। रीति, अलंकार एवं वक्रता को पूर्णता तब मिलती है, जब वे किसी अभिप्राय या मन्तव्य को इंगित करते हैं। इनके द्वारा व्यंजित मन्तव्य ही ध्वनि है और वही काव्य रचना के सर्वस्व है। यही ध्वनि रस रूप में पूर्णता प्राप्त करती है।

इस मन्तव्य या अभिप्राय रूप ध्वनि किसी रचना में एक शब्द से लेकर सम्पूर्ण प्रबन्ध तक तक व्याप्त है। समाज का समग्र अनुभव पुंज, मानवीय आकांक्षाएँ, जीवन तथा जगत के व्यावहारिक सन्दर्भ अर्थ या अभिप्राय के रूप में व्यंजित होकर जहाँ कृतित्व में मूल्य की सार्थकता को व्यंजित करते हैं, वही ये काव्य की भावात्मक सम्प्रेषण प्रक्रिया से संयुक्त होकर आनन्द (रसानुभूति) का भी आस्वादन कराते हैं। ध्वनि की सार्थकता काव्य एवं मनुष्य के बीच भावात्मक सम्पर्क स्थापित करने में है, और यही उसकी नियति है।

ध्वनि सिद्धान्त ने भारतीय काव्यशास्त्र में सर्वाधिक महत्त्वपूर्ण प्रश्न उठाया है कि किसी कृति में उसका कलात्मक लालित्य महत्त्वपूर्ण है या उस लालित्य विधान के माध्यम से अभिप्राय रूप में व्यंजित कवि का मन्तव्य। ध्वनि का प्रश्न मूलतः कलाविधान से ही उठता है किन्तु वह कला की सार्थकता साधन रूप में ही स्वीकार करता है, साध्य रूप में नहीं। उन्नीसवीं शती में ए०सी० ब्रैडले के सिद्धान्त 'कला-कला के लिए' जैसी मान्यताओं की स्थापना रीति, अलंकार विधान तक वक्रोक्ति तत्त्व करते हैं। ध्वनिवादी आचार्य आनन्दवर्धन तथा अभिनवगुप्त इस सिद्धान्त का उसी प्रकार खण्डन करते हैं, जैसे आई० ए० रिचर्ड्स, ए० सी० ब्रैडले के मत का।

भारतीय जीवन व्यवस्था के अन्तर्गत भौतिक मूल्यों के स्थान पर आध्यात्मिक मूल्यों को वरीयता मिली है, इसीलिए इस ध्वनि व्यंजना के अन्तर्गत 'रसध्वनि' को सर्वोपरि माना गया है। भारतीय दृष्टि से काव्य की सर्वश्रेष्ठता इसमें है कि वह अपने सम्पर्क में ले आकर पाठक को रसास्वादन में समाधिदशा जैसी तन्मयीभूतता में बाँधकर आनन्ददशा में निमग्न कर दे। इसी समाधि बोध में सामाजिक मूल्य बोध पाठक के हृदय में स्वयं उतर जाता है। वहाँ उपदेश जैसी आवश्यकता नहीं पड़ती किन्तु कविता की प्राथमिकता आनन्दबोध की ही है। पश्चिमी साहित्य में भौतिक वादी

मान्यताओं के कारण काव्य अभिप्राय रूप है। सामाजिक मूल्यबोध से पाठक के चित्त को उद्वेलित करने का वह माध्यम है। आचार्य रामचंद्र शुक्ल ने इसे शीलदशा कहा है। भारतीय चिन्तन में 'कान्तसम्मितयोपदेश' का सन्दर्भ इसी से जुड़ा है। काव्य या कलाओं के सन्दर्भ में यह एक नैसर्गिक सत्य है कि आनन्द बोध कराना उनका अपना स्वाभाविक धर्म है और इसी आनन्द बोध के मूल में छिपा हुआ मूल्य काव्यानन्द की भावना के साथ मिलकर ही पाठक में प्रकट होता है।

इसीलिए भारतीय काव्य चिन्तन के अन्तर्गत आस्वादन की क्षमता से सर्वथा सम्पन्न काव्य का सृजन तत्त्व ही उसका सर्वस्व है, अर्थात्, वही काव्य की आत्मा है, मूल्यबोध उसके बाद का अवान्तर तत्त्व है।

□□□

कवि शिक्षा, कवि समय तथा कवि वर्णक

कवि शिक्षा का सम्बन्ध कवि के सृजन पक्ष से भिन्न '**अभ्यास**' से है, जिसे प्रतिभा, शक्ति, व्युत्पन्नता के बाद स्थान दिया गया है। कविता कलाओं में स्वयं 'क्रियाकल्प' आदि से सम्बद्ध एक कला है तथा विद्याओं में पाँचवी या किसी के मत से पन्द्रहवीं विद्या है। सृजन के लिए लोकशास्त्र का अनुभव एवं ज्ञान तथा अभ्यास के स्तर पर उसके प्रायोगिक औचित्य का संदर्भ आवश्यक है। कवि शिक्षा के लिए काव्यगुरु, काव्य गोष्ठी, शास्त्र ग्रंथ अनिवार्य हैं। कवि के चित्त का निरन्तर संस्कृत होते रहना उसकी अनिवार्यता है और इस सांस्कारिक चित्त के उत्तरोत्तर प्रवृत्त होने के लिए कवि शिक्षा के द्वारा परम्परा एवं प्रौढ़ियों का ज्ञान अनिवार्य है।

भारतीय साहित्यशास्त्र में सामान्य रूप से प्रायः कवि कण्ठाभरण आचार्य क्षेमेन्द्र (संवत् 1020 से 1080) तथा काव्य मीमांसा, आचार्य राजशेखर (संवत् 1040 से 1060) का सम्बन्ध कवि शिक्षा से जोड़ा जाता है, किन्तु इस सम्बन्ध में यह अवधारणा उपयुक्त नहीं है। आचार्य भामह, दण्डी, वामन, कुन्तक, आनन्दवर्धन आदि अपने ग्रंथों में स्थल-स्थल पर कवि शिक्षा की परम्पराओं का उल्लेख करते हैं। ऐसा प्रतीत होता है कि भारतीय काव्यशास्त्र के लेखन की मूल प्रवृत्ति शास्त्र ज्ञान कराना ही न होकर काव्य रचना की ओर उन्मुख कवियों के लिए शिक्षा शास्त्र नियमों का ज्ञान आवश्यक रहा है। इन शास्त्र ग्रंथों के साथ-साथ गुरु द्वारा शिक्षण व्यवस्था इसके लिए अनिवार्य बताई गई है। 'काव्यज्ञ' का निरन्तर सम्पर्क भी 'कवि शिक्षा' से ही सम्बद्ध है। इस क्रम में आचार्य अभिनवगुप्त ने अपने काव्य गुरु 'भट्टतौत' का निरन्तर उल्लेख किया है। आचार्य राजशेखर ने 'कविशिक्षा' अर्थात् काव्य तत्त्वों का रचना के लिए निरन्तर अनुशीलन एवं अभ्यास को आवश्यक बताने वाले किसी आचार्य मंगल के मत का उल्लेख किया है, किन्तु उनका कोई ग्रंथ उपलब्ध नहीं है।

कवि शिक्षा की ओर सर्वप्रथम ध्यान आकर्षित कराने का श्रेय **आचार्य भामह** को दिया जाता है। इस सम्बन्ध में उनका प्रसिद्ध श्लोक है—

शब्दाभिधेय विज्ञाय कृतवद्विदुर्वासनाम्।
विलोक्यान्य निबन्धाश्च कृत्वा कार्यः काव्यक्रियादरः॥

"शब्द तथा अर्थ का सम्यक् ज्ञान प्राप्त करके, काव्यज्ञों की उपासना करके, अन्य रचनाओं को देखकर काव्य प्रणयन के लिए प्रवृत्त होना चाहिए।"[1]

1. काव्यालंकार, भामह पृ०

आचार्य भामह का संकेत कवि के लिए कवि शिक्षा की अनिवार्यता की ओर है।

आचार्य वामन ने काव्यालंकार सूत्र के प्रायोगिक नामक 'पंचम अध्याय' के अन्तर्गत विस्तारपूर्वक कविता में शुद्ध तथा अशुद्ध पद प्रयोगों पर विस्तारपूर्वक चर्चा की है। इस चर्चा का मन्तव्य ही यही है कि काव्य प्रयोग के स्तर पर कवि ऐसी अशुद्धियों के प्रति सावधान रहें और प्रकारान्तर से सृजन के सन्दर्भ में भाषाशुद्धि आवश्यक है, इसका ज्ञान इस संदर्भों के अध्ययन से ही हो सकता है। वे अपने इस पंचम अध्याय को प्रारम्भ करने के पूर्व प्रस्तावना देते हैं कि—

सम्प्रति काव्य समयं शब्द शुद्धिं च दर्शयितुं।
प्रोयोगिकारव्यमधिकरणमारम्यते। तत्र काव्य समयस्तावदुच्यते॥

"अब काव्य समय और शब्द शुद्धि के विचार के लिए प्रायोगिक नामक पंचम अधिकरण का प्रारम्भ करते हैं। इसमें काव्य प्रयोग से सम्बद्ध व्यावहारिक नियमों पर विचार किया गया है।"[1]

इस अध्याय का प्रारम्भिक अंश कवि शिक्षा से है और बताया गया है, कविता के भाषिक निर्माण की प्रयोग प्रक्रिया क्या है? और कवि यदि इन प्रयोगों को नहीं जानते तो उनकी कविता दोषपूर्ण है।

इस अधिकरण को प्रायोगिक इसीलिए कहा गया है कि कविगण काव्य रचना के स्तर पर इन प्रयोगों को जानें, समझें तथा उनके प्रति सावधान रहें।

आचार्य दण्डी काव्यादर्श के अन्तर्गत अनेक बार कवियों द्वारा काव्य परम्परा के सम्यक् ज्ञान से सम्पन्न होकर काव्य रचना की ओर प्रवृत्त होने की चर्चा करते हैं—

ततस्ततन्दैदनिशं सरस्वती
श्रमादुप्स्या खलु कीर्तिभीप्सुभिः।
कृशे कवित्वेऽपि जना कृत श्रमा
विदग्ध गोष्ठीषु विहर्तुमीशते॥

काव्य सामर्थ्य अर्थात् प्रतिभा की अल्पता के बावजूद भी श्रमपूर्वक सरस्वती की उपासना करने वाला कवि काव्यगोष्ठियों में श्रेष्ठ कवियों जैसा आनन्द उठाता है। मन्दबुद्धि का कवि भी निरन्तर सरस्वती की उपासना करता हुआ, उनकी कृपा प्राप्त करके श्रेष्ठ महाकवि हो जाता है। इस प्रकार, प्रयत्न पूर्वक काव्यमर्मज्ञों का साथ, उनके उपदेश, उनके बताए गये मार्गों का अनुसरण करके मन्द कवि श्रेष्ठ कवि बन सकता है। यही नहीं, कवि अपनी सहज प्रतिभा के बल से अभ्यास द्वारा सम्पूर्ण जीवन के अनुभवों, उनसे जुड़े शास्त्र तथा ज्ञानादि में प्रवेश करके उन्हें स्वानुभव का वैयक्तिकधर्म बना लेता है।

ऐसा प्रतीत होता है कि भारतीय काव्यशास्त्र के दो रूप रहे हैं, प्रथम सैद्धान्तिक रूप जिसके अन्तर्गत शब्दार्थ रूपी काव्यविद्या से जुड़े विविध सिद्धान्तों की व्यापक

1. काव्यालंकारसूत्राणि, बेचन शर्मा, पृ० 189

चर्चा होती रही है। इस सैद्धान्तिक चिन्तन के साथ-साथ दूसरी विधा प्रायोगिक या व्यावहारिक भी रही है। काव्य रचना के मर्मज्ञ गुरु, पण्डित, शास्त्रकार जो प्रारम्भिक स्तर पर कवियों के लिए शिक्षक बनकर निर्देशन कर कार्य करते रहे हैं, और उन्होंने इस कवि शिक्षा की परिपाटी की सुदृढ़ता पर विशेष ध्यान दिया है। **आचार्य क्षेमेन्द्र** का सरस्वती कण्ठाभरण में निर्दिष्ट मन्तव्य है कि—

तत्राकवेः कवित्वापितः शिक्षाप्राप्तगिरः कवे।
चमत्कृतश्च शिक्षाप्तौ गुणदोषोद् गतिस्ततः॥
पश्चात्परिचयः प्राप्तिरित्येते पञ्चसन्धयः॥

(1.3.4)

उसके द्वारा कवि शिक्षा की पाँच उपलब्धियाँ हैं—अर्थ चमत्कृति का विस्तार, काव्य की समझ, काव्य के गुण दोष का ज्ञान आदि। उसने पाँच स्कन्धों में इन समग्र तत्त्वों पर विचार करते हुए बताया है कि कवि शिक्षा के बिना, कवि पाठक एवं स्वयं काव्य में पूर्णता नहीं आती। कवि शिक्षा का ज्ञान इस प्रकार केवल कवि के लिए ही नहीं, पाठक के लिए भी अनिवार्य है। काव्य तथा शास्त्र का निरन्तर अनुशीलन, अभ्यास-मनन, पठन-पाठन, प्रायोगादि उनके लिए निरन्तर अनिवार्य है।

वह कवि शिक्षा की अनिवार्यता के विषय में बताता है कि—

'काव्यज्ञ शिक्षया परिशीलनभ्यासः'

अर्थात्, काव्यवेत्ता (काव्यज्ञ) द्वारा दी गई शिक्षा तथा उसका अभ्यास कवि के लिए आवश्यक है। काव्यवेत्ता द्वारा शिक्षा का सामान्य निर्देश भामह के काव्यालंकार से ही प्राप्त होने लगते हैं। काव्यालंकार के अन्तर्गत कवि शिक्षा सर्जक एवं पाठक दोनों के लिए है। कवि शिक्षा के कारण विदग्ध कवि की कविता न केवल दोषमुक्त होती है और न कवि की कविता ही उपहास का विषय बनती है अपितु पाठक के लिए यह इसलिए आवश्यक है कि वह काव्यगोष्ठियों का निरन्तर आनन्द ले सके।

आचार्य वामन ने कवि शिक्षा के सन्दर्भ में अभ्यास, अध्यापन के अतिरिक्त गुरुओं द्वारा शिक्षित होने का सन्दर्भ इसी प्रकार रखा है। उन्होंने काव्यांगों के तीन (1) लोक (2) विद्या (3) प्रकीर्ण वर्गों में 'विद्या' पर विशेष महत्त्व दिया है, जिनमें से उसके चार स्वरूप कवि शिक्षा से सम्बद्ध है।

1. **लक्ष्यत्व** — पूर्व कवियों के सृजन का ज्ञान,
2. **अभियोग** — काव्य रचना का निरन्तर प्रयत्न,
3. **वृद्ध सेवा** — काव्य पण्डितों, शास्त्रकारों की निरन्तर सेवा,
4. **अवक्षेप** — भाषिक प्रयोग के वैशिष्ट्य के सक्षम प्रयोग का अभ्यास।

इस प्रकार 'गुरु सेवा' तथा शास्त्रज्ञान एवं अभ्यास कवि के लिए अनिवार्य है।

परवर्ती काल में 'कवि शिक्षा' का इतना अधिक प्रचार-प्रसार रहा कि इसे एक पृथक् सम्प्रदाय के रूप में स्वीकार किया जाने लगा और काव्य रचना के सन्दर्भ में

इसे अनिवार्य स्वीकार्य किया गया। विशेषकर संस्कृत काव्यशास्त्र के ह्रास काल (1500 से 1800) शती तक काव्य को शास्त्रज्ञान एवं पाठशालों से जोड़ दिया गया है। अपभ्रंश प्राचीन हिन्दी एवं मध्यकालीन परम्परित हिन्दी कविता के लिए 'कवि शिक्षा' ग्रंथ वर्णन एवं वर्णक परम्परा से सम्बद्ध किए गए। इस परम्परा के ग्रंथ इस प्रकार हैं—

(क) 1. आचार्य क्षेमेन्द्र कृत कविकण्ठाभरण,
2. जैनाचार्य मंगल,
3. आचार्य राजशेखर कृत काव्यमीमांसा,
5. शौंद्धोदनि कृति अलंकारविद्यासूत्र,
6. अरिसिंह कल्पलता,
7. देवेश्वर कवि कल्प लता ,
8. केशव मिश्र अलंकार शेखर,
9. अज्ञात कविकृत वर्णक समुच्चय।

(ख) **भाषा काव्य में लिखित कवि शिक्षा विषयक वर्णक ग्रंथ**—(हिन्दी का आदिकाल)
1. दामोदर पण्डित — काव्यलतावृति,
2. वर्णरत्नाकर — देवेश्वर ठाकुर।

(ग) **भक्तिकालीन साहित्य के अन्तर्गत**
1. केशवदास कृत कविप्रिया।

(घ) **रीतिकाल के अन्तर्गत**
1. सुरति मिश्र — काव्यसिद्धान्त
2. तरंगदेव — सुखसागर
3. साधोगिरी — काव्यशिक्षक

कवि शिक्षा की सीमा तथा औचित्य

कवि शिक्षा की सीमाएँ इस प्रकार हैं—

1. कवि के लिए लोक एवं शास्त्र के ज्ञान से सम्बद्ध व्यापक अनुभव,
2. काव्य परम्परा एवं कवि परिपाटियों की सम्यक् समझ (कवि समय, वर्णक),
3. देश तथा काल से जुड़े संदर्भों की वास्तविकताओं से परिचय,
4. कवित्व शक्ति को प्राप्त करने के उपायों का अन्वेषण।

इन सन्दर्भों का विशिष्ट रूप इस प्रकार हैं—

1. कवि तथा उसका लोक शास्त्र का ज्ञान—सर्जक की अनुभव सीमा तथा सामर्थ्य का कोई ओर-छोर नहीं है। लोक जीवन का व्यावहारिक अनुभव तथा

1. विशेष के लिए देखिए—कवि शिक्षा की परम्परा और हिन्दी रीति साहित्य, डॉ० सत्य प्रकाश मिश्र।

शास्त्र लोक के विविध व्यावहारिक तथा उपयोगी संदर्भों का शास्त्रीय रूप इंगित करता है। एक कवि हिमालय का वर्णन शास्त्र को पढ़कर तथा दूसरे से सुनकर जान सकता है, किन्तु यह जानना सामान्यतया बिना देखे और अनुभव के अधूरा रहता है। ठीक इसके विपरीत हम हिमालय को देखते हुए, भोगते हुए भी उसके तमाम रहस्यों से अपरिचित रहते हैं, जिन्हें शास्त्रज्ञान के बाद पूरी तरह से समझा जा सकता है। प्रसाद ने हिमालय नहीं देखा था किन्तु उन्होंने कामायनी में इसका वर्णन किया है, जो अपने में अपर्याप्त लगता है। कालिदास का हिमालय वर्णन दोनों से सम्पृक्त होने के कारण सर्वथा पूर्णता का बोध कराता है।

लोकानुभव एवं शास्त्रज्ञान दोनों कवियों के ज्ञान काव्यार्थ के स्रोत हैं। राजशेखर बताते हैं कि—

श्रुति, स्मृति, इतिहास, पुराण, प्रमाणविद्या, समय विद्या, राज्यसिद्धान्तत्रयी, विरचना, प्रकीर्णकं च काव्यानाम् द्वादश योनयः इति आचार्यः।

इनका प्रयोग कविता में कैसे हो, कवि को इसकी उचित जानकारी रखनी चाहिए।

कविता में इनके प्रयोग की चार प्रणालियाँ हैं। इस विधा का पूर्ण ज्ञान कवि के लिए अभीष्ठ है। कवि अपने काव्य की आवश्यकता के अनुसार उचित संयोग तथा उत्पाद्य संयोग (संयोग विकार) करके कविता को प्रभावशाली बना सकता है।

कवि की रचना इन परम्परित स्रोतों का ज्ञान प्राप्त करके तथा इनके अपेक्षित प्रयोगों द्वारा ही सार्थकता प्राप्त कर सकती है।

2. काव्य परम्परा तथा कवि परिपाटियों का सम्यक् ज्ञान (कवि समय)—यह कवि शिक्षा की दूसरी अनिवार्यता है। काव्य परम्परा का सम्यक् ज्ञान एवं कवि परिपाटियों की प्रायोगिक स्थिति को समझें तथा अभ्यास किए बिना काव्य की श्रेष्ठता की सम्भावना स्वल्प हो जाती है। भारतीय जीवन स्वर्ग, पाताल लोक, पृथ्वी, इन सबके विविध प्रौढ़ संदर्भों से मिलकर चलता है। कविता में भी वह जीवन बिना इससे सम्बद्ध परम्परा को उतारे सम्भव नहीं है। यद्यपि आज कविता 'पृथ्वी' लोक तक ही सम्भव है किन्तु मानवीय जीवन की व्यावहारिक दिव्यता के लिए हमें श्रेष्ठ आदर्शों की खोज करनी पड़ती है। इसी प्रकार, आज के यथार्थ भौतिक जीवन की सम्भावनाओं की अभिव्यक्ति उस अनुभूति के बिना सम्भव नहीं है। कवि शिक्षा बतलाती है कि बिना आदर्श एवं यथार्थ के मूल्यों को समझे या जाने उन जीवन संदर्भों को कविता के रूप में रखा नहीं जा सकता।

कवि परम्परा के साथ-साथ काव्य रचना परिपाटियाँ तथा वर्णन की पूर्व परम्पराएँ पूर्णकाल से चली आ रही हैं। कवि वर्णन परिपाटियों का सम्बन्ध वर्णकों तथा कवि समयों से है। वर्णकों का सम्बन्ध परम्परा एवं व्यवहार की उपयुक्तता से है। जैसे—नायक, नायिकाओं के विविध भेद, उनसे सम्बन्ध वर्णन रूप तथा ऋतृ वर्णन आदि की काव्य पीढ़ियाँ आदि। कवि को उन परिपाटियों का वर्णन उसी क्रम में

करना अपेक्षित है। यह अपेक्षा बिना कवि शिक्षा के पूरी नहीं होती। आचार्य राजशेखर ने इसे 'अर्थ व्याप्ति' के अन्तर्गत रखा है।

इससे एक भिन्न प्रकार कवि समय का है। **राजशेखर** काव्यमीमांसा में इसको परिभाषित करते हुए कहते हैं—

अशास्त्रीयमलौकिकं च परम्परायातं यमर्थमुपनिबन्धति कवयः स कविसमयः।

अशास्त्रीय (शास्त्र से बाहर), अलौकिक (लोक व्यवहार से भी भिन्न) केवल परम्परा प्रचलित रूप में कविजनों के द्वारा उल्लिखित अर्थ को कवि समय कहा जाता है। "कवि समय को सामान्यतया कवि समय, कवि प्रसिद्धि आदि नामों से पुकारा जाता है। राजशेखर के मत को स्पष्ट करते हुए पण्डित् आचार्य हजारी प्रसाद द्विवेदी कहते हैं कि—इसीलिए लोक विरोधी एवं शास्त्र विरोधी वे ही बातें कवि समय के अन्तर्गत आती हैं, जिन्हें प्राचीन काल के पण्डित् सहस्रशाख वेदों का अवगाहन शास्त्रों का अवबोध करके, देशान्तर तथा दीपान्तर का परिभ्रमण करके निश्चित् कर गए हैं। देश कालवश उनका व्यतिक्रम हो भी गया हो, उन्हें अस्वीकार नहीं करना चाहिए।"[1]

आचार्य हजारी प्रसाद द्विवेदी ने यह इंगित करने का प्रयास किया है जिन्हें हम आज देश-काल के व्यतिक्रम से अशास्त्रीय या लोक व्यवहार से पृथक् कह रहे हैं, किसी देश-काल एवं लोक प्रचलन में रहे ही हों। यही नहीं, वर्तमान भारतीय संस्कृति अनेक जातियों की आत्माओं, विश्वासों, मान्यताओं तथा रूढ़िओं से प्रभावित रही है। आज दिशाहीन एवं लोक विरुद्ध लगने वाली बातें हमें काल्पनिक एवं उपहास्पद भले ही लगें किन्तु ये प्राचीनतम भारतीय जातियों की आस्था तथा विश्वास के अंग हो सकते हैं और हमने कभी अपनी संस्कृति के अन्तर्गत उन्हें मान्यता दिया हो।[1] यही स्थिति कवि वर्णकों की है। कवि वर्णक तो स्वीकृत मात्यताओं की पुनर्प्रस्तुति हैं। वर्णक परम्परा के ग्रंथों की संख्या अधिक है। अजित सेन कृत 'अलंकार चिन्तामणि', अमर कवि कृत 'काव्य कल्पलतावृत्ति' आदि ग्रंथों की सूची प्रारम्भ में दी जा चुकी है।

इस प्रकार, इस समय में शास्त्र तथा लोक दोनों परम्पराओं का आज खण्डन भले ही होता हो, फिर भी, इसे काव्यदोष न कहकर काव्य वैशिष्ट्य ही कहते हैं, जैसे चन्द्रमा की किरणों से चन्द्रकान्तमणि का पिघलना, चातक पक्षी का केवल स्वाति की वर्षा के जल का पान करना आदि। ये तथ्य असत्य, शास्त्र विरुद्ध तथा अनुभव के विरुद्ध हैं, फिर भी, काव्य जगत के अन्तर्गत कवि परिपाटी के रूप में स्वीकृत हैं। कवि द्वारा स्वीकृत इन मान्यताओं एवं काव्य परिपाटियों तथा विश्वासों

---

1. हिन्दी साहित्य की भूमिका, आचार्य हजारी प्रसाद द्विवेदी, पृ० 198 से 232 तक।

को कवि समय के नाम से पुकारा जाता है। दूसरा कारण यह है कि कवि एवं लोक विश्वास का परम्परागत प्रचलित विश्वास हमेशा से चला आ रहा है।

राजशेखर ने काव्य मीमांसा के अन्तर्गत अत्यन्त विस्तारपूर्वक इनका विवेचन किया है। ये कवि समय तीन प्रकार के हैं—

(1) स्वर्ग्य (2) भौम (भूमि से सम्बद्ध) (3) पातालीय।

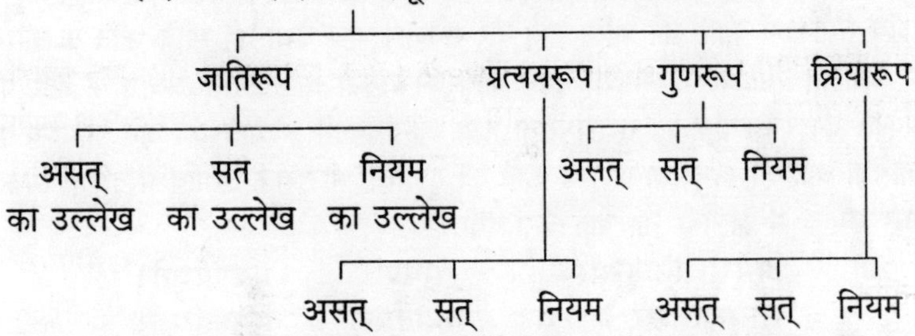

ये कवि समय सम्पूर्ण सृष्टि जाति, द्रव्य, गुण एवं क्रिया से निबद्ध हैं और काव्य परिपाटियाँ अपने व्यापक परिवेश के साथ लोक जगत या विधाता के जगत के समानान्तर एक विशिष्ट जगत की संरचना में जुड़ी हैं। राजशेखर ने काव्यमीमांसा में बताया है कि इन कवि समयों का प्रयोग तो होता था, किन्तु ये क्रमबद्ध व्यवस्थित नहीं किए गए थे और न इनकी काव्य व्यवस्था पर ही किसी की दृष्टि जाती थी। इन कवि समयों को पहली बार व्यवस्था **राजशेखर** के द्वारा दी गई—

सोऽयं कवीनां समयः काव्ये सुप्त इव स्थितः।
स साम्प्रतमिहास्माभिर्यथाबुद्धि विवेचितः॥

कवि समय जो कवियों ने सुप्त-सा स्थित था, वह यहाँ (काव्यमीमांसा के अन्तर्गत) यथा सामर्थ्य मेरे द्वारा विवेचित किया जा रहा है।

3. देश काल से जुड़े संदर्भों की वास्तविकताओं का निरूपण—सर्जन कर्म अनुभव पोषित अपने आप में एक जटिल व्यापार है। देश, काल, परिवेश, और नाना प्रकार के भौगोलिक परिवर्तनों की सही-सटीक एवं गहरी जानकारी कवि को होनी चाहिए। यथा—भारत के दक्षिणी सुदूर प्रदेशों में आम में बौर अगहन तथा पूस के महीने में शुरू होते हैं, भारत के मध्य देश में यह स्थिति माघ तथा फागुन की है, हिमालय प्रदेश में आम में बौर चैत के महीने में शुरू होते हैं। यदि कवि को इसका सम्यक् ज्ञान नहीं है तो देशकाल ऋतु वर्णन के दोष से निश्चित ही प्रभावित होगा। काल एवं स्थान तथा वहाँ से जुड़े भूगोल का यथार्थ ज्ञान कवियों की कीर्ति का सर्जक माना गया है। इन सबसे बने कवि वर्णकों का प्रयोग कवि समयों की भाँति परम्परा में चला आ रहा है और बाद में इन वर्णकों से सम्बन्धित संस्कृत तथा हिन्दी में अनेक ग्रंथ लिखे गए। देश, काल, ऋतु, लोक व्यवहार आदि की वास्तविकता से इन संदर्भों को जोड़ा जाता है, जैसे—जिस महीने में पुष्प के उद्गम का वर्णन किया जाता

है तो अगले महीने में उसके फलाद्‌गम् का वर्णन होना चाहिए, उसके बाद के मास में फल की प्रौढ़ता तथा पुनः उसे बाद वाले मास में परिपक्वता का वर्णन होना चाहिए। कवि को ऋतु चर्या की विविध परिपाटियों का ज्ञान करके उनसे सम्बन्धित तथ्यों का लोक में दर्शन एवं काव्य में भावात्मक कल्पना तथ्यों के साथ वर्णन करना चाहिए। देश, काल, ऋतु चर्या एवं स्वभाव से विरहित अनुसन्धान तथा अनुभवशून्य कवि समाज में कीर्ति की प्राप्ति नहीं कर सकता। ऋतु चर्चा की भाँति-भाँति के काव्य में प्रचलित प्रौढ़ियों का सम्यक् ज्ञान कवि को रखना चाहिए तथा प्रयोग के स्तर पर प्रकृति की रमयणीकता, रहस्यमयता तथा आनन्दकारी स्वभाव को जन सामान्य से जोड़ना चाहिए। अनुसंधान शून्य कवि की गुणवत्ता भी इसके अभाव में दूषित बनकर उसे समाज में अनादर का पात्र बना देती है—

अनुसंधानशून्यस्य भूषणं दूषणायते।
सावधानस्य च कवेर्दूषणं भूषणायते॥

"अनुसंधानशून्य कवि की उत्तम बातें भी दूषण बन जाती हैं और सावधान कवि के दूषण भी भूषण हो उठते हैं।"

4. कवित्व की शक्ति की प्राप्ति एवं उसकी श्रेष्ठता के लिए उपायों की खोज—यह सत्य है कि सर्जक प्रतिभा या शक्ति जन्मजात होती है, किन्तु उसमें उत्कृष्टता लाने के लिए अभ्यास अनिवार्य है। इस अभ्यास के कई रूप हैं। गुरु सेवा तथा उनकी कृपा से प्राप्त विलक्षणता या व्युत्पन्नता का उल्लेख शास्त्रों में मिलता है। साहित्य में गुरु-शिष्य परम्परा का उल्लेख प्रायः किया गया है। विलक्षणता तथा व्युत्पन्नता के लिए तपस्या का सन्दर्भ भी साहित्य में मिलता है। पाणिनि एवं कालिदास को कवित्व शक्ति तपस्या से ही मिली थी। पूजा तथा आराधना का भी सन्दर्भ इसी से जोड़ा जा सकता है।

इन सबके अतिरिक्त भारतीय परम्परा में 'अभ्यास' की चर्चा निरन्तर की जाती है। **आचार्य मंगल** ने बताया है कि अभ्यास कवित्व शक्ति के विस्तार के लिए सबसे बड़ा कारण है—

अभ्यासः इति मङ्गलः। अविच्छेदेन शीलनमभ्यासः॥

काव्य की श्रेष्ठता का कारण सर्जक का निरन्तर काव्याभ्यास है और निरन्तर काव्यानुशीलन का नाम ही अभ्यास है। प्रतिभा यदि काव्य सर्जन का आन्तरिक हेतु है तो अभ्यास वाह्य हेतु और इस अभ्यास से सम्बद्ध प्रतिभाशाली सर्जक ही लोक में ख्याति प्राप्त करता है।

इसलिए 'अभ्यास' ही कवित्व शक्ति की प्राप्ति के उपायों में प्रमुख साधन है।

इनके अतिरिक्त, सहृदयों की संगति, काव्यगोष्ठियों के बीच कवि चर्चा, राजाश्रय तथा आलोचकों का सम्पर्क भी कवित्व शक्ति की श्रेष्ठता का हेतु है। इन सबके निरन्तर सम्पर्क में रहकर कवि अपनी काव्य प्रतिभा में उत्कृष्टता का समावेश करता है। कवि के लिए भी निरन्तर अभ्यास तथा उसकी रचनात्मक सामर्थ्य के

विकास के लिए एक जीवन्त परिवेश की आवश्यकता है। कविशक्षा, कवि शिक्षक के साथ-साथ भारत में कवि पाठशालाएँ भी थीं। काव्यचर्या के लिए विदग्ध गोष्ठियाँ, ऋतु, पर्व, राजाश्रय आदि के समृद्ध परिवेशों की चर्चा भारतीय साहित्य में निरन्तर मिलती हैं। ये सम्पूर्ण सन्दर्भ परम्परित काव्य समृद्धि के कारण बताये गये हैं।

कवि वर्णक

कवि समय के अन्तर्गत निर्दिष्ट किया जा चुका है कि भारतीय काव्यशास्त्र में कवियों द्वारा प्रचलित मान्ताएँ, विश्वास प्रचलन अशास्त्रीय होते हुए भी शास्त्र व्यवस्था की भाँति स्वीकार किए जाते रहे हैं। मूलतः इनका उद्देश्य या, प्रचलित काव्य प्रौढ़ियों को क्षरण से बचाते हुए रोमांचकारी सौन्दर्य कल्पनातिशयता की परम्परा को प्रतिष्ठित रखना। ठीक इसी के समानान्तर संस्कृत काव्य परम्परा के स्थान पर प्राकृत, अपभ्रंश, भाषा तथा देशी भाषा की कविता के प्रचार-प्रसार के कारण कविता की शोभातिशायी परम्परा की रक्षा के लिए रम्य उपमान परम्परा की तालिका को कवि वर्णक के नाम से सूचीबद्ध करके उन्हें भी कवियों के सामने रखा गया ताकि काव्य जगत की उपमान परम्परा स्थिर रहे, साथ-ही-साथ उपमान लालित्य व्यवस्था को कविजन ध्यान में रखकर काव्य को स्खलित न होने दें। यह समस्या सम्भवतया भाषा काव्य के संक्रमण के समय आई होगी जबकि पुरानी परिपाटी के शास्त्रकारों को यह भय सताने लगा होगा कि काव्य जगत में कोई अराजकता न उत्पन्न हो। संस्कृत काव्यशास्त्र में चौदहवीं एवं पन्द्रहवीं शती के बाद इस प्रकार के ग्रंथों की भरमार आ गई और उसकी देखा-देखी हिन्दी में भी वर्णक परम्परा के प्रसंगों का प्रणयन कवि शिक्षा ग्रंथों के साथ जोड़कर होने लगा।

1. वर्णरत्नाकर — देवेश्वर ठाकुर
2. काव्य लतावृत्ति — दामोदर पण्डित
3. कविप्रिया — आचार्य केशवदास
4. काव्य सिद्धान्त — सुरति मिश्र
5. सुखसागर — तरंगदेव

हिन्दी में मैथिली, प्राचीन कोसली, ब्रजभाषा की कविताओं के लिए इस प्रकार के शिक्षा विषयक ग्रंथ लिखे गए जिनमें वर्णकों के प्रति विशेष ध्यान रखा गया। इनका सम्बन्ध परम्परित वर्णन लालित्य से है। जैसे—कटाक्ष के वर्णन के लिए यमुना की लहरों, भृंगावलियों तथा विष-अमृत संयुक्तता अनिवार्य है। नारी गमन का सादृश्य हंसगमन से देना चाहिए, अँगूठे के नख का वर्णन पूर्णचन्द्र के रूप में करणीय है, नूपुर ध्वनि की समता हंस या सारस की ध्वनि से देनी चाहिए आदि-आदि।

इस सादृश्य वर्णन विधान की अनेक परिपाटियों की ओर वर्णक व्यवस्था के अन्तर्गत विस्तारपूर्वक चर्चा की गई है। किसी राजा, देवी, देश, ग्राम, नगर,

सरिता, सरोवर, समुद्र, उद्यान, पर्वत, युद्ध, अश्व, सूर्योदय, चन्द्रोदय आदि-आदि का वर्णन करते समय किन-किन बातों का उल्लेख किया जाए, इसे यहाँ देखा जा सकता है। वस्तुओं के रूप, रंग, स्वभाव, आदि से जोड़कर इन आचार्यों ने कविता को कल्पना से युक्त करके 'शास्त्र कविता' की परिपाटी स्थापित की थी। कवि की सर्जक प्रतिभा और कल्पनाशक्ति यहाँ आकर एक बने-बनाये मानक में बँध गई थी। यदि कविता करनी है तो कवि प्रयोग एवं परम्परा को देखें, अन्यथा कविता दोषयुक्त होगी।

प्रायः हिन्दी की समग्र रीतिकालीन कविता कवि शिक्षा व्यवस्था से जुड़ी कवि समय तथा वर्णकों से सम्बद्ध रही है।

□□□

औचित्य मत की अवधारणा

औचित्य काव्यसृजन एवं यथावसर काव्य श्रेष्ठता को विश्लेषित करने की एक व्यावहारिक मान्यता है, उसे सम्प्रदाय जैसा स्वरूप न दिया जा सकता है और न आचार्य क्षेमेन्द्र कृत 'औचित्य विचार चर्चा' शीर्षक ग्रंथ से इस सम्बन्ध में न कोई ऐसी अवधारणा ही बन पाती है। वर्णित काव्य का व्यावहारिक या सैद्धान्तिक स्वरूप शास्त्र, प्रचलन, प्राप्त मान्यताओं, रुचियों, परम्पराओं आदि से कितना प्रतिकूल एवं असंगत या कितना अनुकूल या संगत है, औचित्य विचार चर्चा का सबसे महत्त्वपूर्ण पक्ष यही है। इसीलिए काव्य चिंतन के विचारकों ने उसके लिए Properiety, Appropriate-ness जैसे अर्थों में इसका प्रयोग किया है।

वैसे तो, काव्य में औचित्य की चर्चा आचार्य भरत से ही मिलने लगती है, किन्तु इस विषय पर आचार्य क्षेमेन्द्र की कृति 'औचित्य विचार चर्चा' एक मात्र ग्रंथ है। इस औचित्य विचार चर्चा के अन्तर्गत अपनी मान्यताओं को स्थापित करते हुए **क्षेमेन्द्र** कहते हैं कि—

औचित्यस्य चमत्कारकारिणश्चारुचर्वणे।
रस जीवितभूतस्य विचारं कुरुतेऽधुना॥

यदि औचित्य नहीं है तो उपहास का विषय बनकर समस्त काव्यरचना हेय हो जाती हैं। इसको स्पष्ट करने के लिए उदाहरण आचार्य भरत कृत नाट्यशास्त्र से मिलने लगते हैं। **भरत** कहते हैं कि—

अदेशजो हि वेषस्तु न शोभा जनपिष्यति।
मेखलोरसि बन्धे च हास्यायैवोपजायते॥

'औचित्य और रस' की पारस्परिक संगता का आधरं लोकानुचारी वर्णन ही है। औचित्य को परिभाषित करते हुए **कुन्तक** बताते हैं कि—

उचितं प्राहुराचार्या सदृशं किल यस्य यत्।
उचितस्य च यो भावः तदौचित्यं प्रचक्षते॥

सृजन के वर्णन में सर्वत्र उचित का भावऽअपेक्षित है। उचित के इस भाव को औचित्य कहा जाता है। अनौचित्य का एक प्रसिद्ध उदाहरण देते हुए **आचार्य क्षेमेन्द्र** बताते हैं कि—

कण्ठे मेखलया नितबकलके तारेणहारेण वा।
पाणौनूपुर बन्धनेन चरणे केयूरपासेन वा।

शौर्येण प्रणति रिपौ करुणया नायनिके हास्यताम्।
औचित्येन बिना रुचि प्रतुनते नालंकृतियो गुणा।।

इस दोष सन्दर्भ से उपहास का विषय बनकर कोई भी काव्य वर्णन सहृदयों के लिए हास्य का प्रकरण बन जाता है। इस प्रकार, अनौचित्य का सन्दर्भ एक ओर दोष से जुड़ता है तो दूसरी ओर व्यवस्था बद्धता से।

भारतीय काव्य चिन्तकों ने दोष के सन्दर्भ में अनौचित्य का उल्लेख अनेक रूपों में किया है। आचार्य भोज वाक्य दोष को 'अपद दोष' के नाम से पुकारते हैं। आचार्य रुद्रट वाक्यार्थ दोष की चर्चा करते हुए उसे विरस कहते हैं। विरुद्ध दोष (लोक विरुद्ध तथा काव्य विरुद्ध) पूरी तरह से काव्य के औचित्य से सन्दर्भित है। आचार्य भोज ने तो दोष प्रकरण में अनौचित्य की बार-बार चर्चा की है। साथ ही एकाध स्थान पर भोज ने काव्य की श्रेष्ठता के सन्दर्भ में औचित्य को विशिष्ट आधार बताया है।

यथामतिः यथाशक्तिः यथौचित्यं यथारुचिः।
कवेः पात्रस्य चैतस्याः प्रयोग उपपद्यते।।[1]

ध्वन्यालोक के अन्तर्गत **आचार्य आनन्दवर्धन** ने औचित्य तथा अनौचित्य सम्बन्धी मतों का कई बार उल्लेख किया है—

रसाद्यनुणत्वेन व्यवहारोऽर्थ शब्दयोः।
औचित्यवान्यस्ता एता वृत्तयो विविधास्मृताः।।

अनौचित्य के सन्दर्भ में वे कहते हैं कि—

अनौचितयावृते नान्यद्रसभंग कारणम्।
प्रसिद्धौचित्य बन्धस्तु रसस्योपनिषत्परा।।

अभिनवगुप्तपादचार्य ने अपने पूर्ववर्ती औचित्यवादियों की ओर संकेत करते हुए गुण अलंकार रस के औचित्य की बराबर चर्चा की है। वे एक स्थान पर कहते हैं कि—

यदिशरीरंकंताकादियुक्तं हास्यावहं भवति अलंकार्यस्थानौचित्य्।

आचार्य कुन्तक 'वक्रोक्ति जीवितम्' के अन्तर्गत औचित्य को परिभाषित करते हुए कहते हैं कि—

आञ्जनेन स्वभावस्य महत्त्वं येन पोष्यते।
प्रकारेण तदौचित्यं उचिताख्यानजीवितम्।
यत्र वक्तुः प्रमातुः वा वाच्यम् शोभातिशायिनः।
आच्छाद्यते स्वभावेन तदौचित्यमुच्यते।।

---

1. विशेष विस्तार के लिए देखिए—डॉ० वी० राघवन् कृत शृंगार प्रकाश, पृ० 181.184 तक तथा some concepts of अलंकार शास्त्र।

आचार्य कुन्तक ने औचित्य मत का विवेचन निषेधात्मक रूप में न करके भावात्मक रूप में किया है। उनके अनुसार जहाँ देश, काल, परिवेश के औचित्य के अनुसार विषयवस्तु के सन्दर्भ में प्रमाता का शोभातिशायी वाक्य प्रस्तुत हो और उन सबके नैसर्गिक स्वभाव की व्यंजना उससे होती हो, वह औचित्य है।

आचार्य क्षेमेन्द्र के ऊपर ध्वनि तथा वक्रोक्ति सिद्धान्तों का विशेष प्रभाव है। वह प्रसिद्ध ध्वनिवादी आचार्य अभिनव गुप्त के शिष्य तथा काव्यमीमांसाकार राजशेखर के प्रबल समर्थकों में रहे हैं। उनके सिद्धान्त पर वक्रोक्तिमत का भी स्पष्ट प्रभाव दिखाई पड़ता है। वे पद, वाक्य, प्रबन्धार्थ, काव्यगुण, अलंकार, रस, क्रिया, कारक, लिङ्ग, वचन, वाक्य, प्रकरण, प्रबन्ध ध्वनि आदि-आदि के मूल में सर्वत्र औचित्य की स्थापना करते हैं। औचित्य के अभाव में किसी रचना सन्दर्भ के दूषित होने के कारण उसकी श्रेष्ठता पर प्रश्नचिह्न उठ खड़ा होता है, अतः जो वस्तु जिस रूप, जिस स्वभाव एवं जिस परिवेश में हो उसका उसी समुचित भाव में प्रस्तुत करना ही औचित्य है। अनौचित्य से वृहत्तर कोई न रस भंग का कारण ही हो सकता है, और न सम्पूर्ण कविता दोष से मुक्त हो सकती है। आचार्य क्षेमेन्द्र के इस मत के अनुसार सम्पूर्ण कृतित्व की श्रेष्ठता औचित्य से ही निर्धारित की जाती है। काव्य के समस्त दोष अनौचित्य के कारण अपनी सार्थकता प्राप्त करके किसी श्रेष्ठ कवि की रचना को दूषित कर देते हैं, अतः औचित्य कवि के लिए एक परिहार्य उपकरण है। **क्षेमेन्द्र** के मतानुसार यही कविता का जीवित तत्त्व है, क्योंकि इसके अभाव में काव्य समग्रतया दूषित होकर निन्दा का विषय बन जाता है—

औचित्यस्य चमत्कारकारिणश्चारुवर्णने।
रसजीवितभूतस्य विचारं कुरुतेऽधुन॥

औचित्य क्या काव्य सम्प्रदाय है?

कवि शिक्षा की भाँति औचित्य मत भरतीय काव्यशास्त्र चिन्तन में परवर्ती काल से आया, वैसे प्रारम्भिक आचार्यों द्वारा दोनों के विषय में प्रारम्भ से ही चर्चा मिलने लगती है। यद्यपि राजशेखर तथा क्षेमेन्द्र दोनों ने 'कवि शिक्षा'—सम्प्रदाय की भाँति इसकी चर्चा की है किन्तु वह सम्प्रदाय न बनकर एक व्यावहारिक मत बना रहा। ठीक यही स्थिति 'औचित्य सिद्धान्त' की भी है। यह कवियों के लिए एक व्यावहारिक निर्देश है ताकि कवियों की रचनाएँ लोकनिन्दा का समान्य विषय न बन सकें। गुण, अलंकार, ध्वनि, रस आदि काव्यशास्त्रीय सम्प्रदाय इस लिए महत्त्वपूर्ण है कि सृजन की मौलिक अभिन्नता उनसे जुड़ी रहे। सृजन का अस्तित्व में आना इन तत्त्वों पर आधारित है किन्तु औचित्य का सम्बन्ध रचना की मूलभूतता से न जुड़कर उसके औचित्य से जुड़ता है। यह 'औचित्य प्रकृतिबद्धता का वस्तुपरक रूप है, जब हम औचित्य का उल्लेख उसके साक्ष्य द्वारा करते हैं तो वह वस्तु की नैसर्गिकता एवं

स्वाभाविकता से जुड़ता है। प्रारम्भ का श्लोक इसके उदाहरण के लिए सामने रख सकते हैं—'कंठे मेखला या नितम्बफलकेतारेण हारेण वा।'

सामान्यतया यदि कोई नायिका कमर में पहनी जाने वाली करधनी को गले में हार की भाँति पहन ले और हार के तारों का विस्तार करके कमर में करधन की भाँति पहने तो इस अलंकरण अनौचित्य के कारण वह अज्ञता का पात्र बनकर उपहास का विषय बन जाती है।

ठीक इसके प्रतिकूल यदि कोई 'पागल स्त्री' इस प्रकार पहनकर आए तो वह उपहास का विषय बनकर भी क्षमा कर दी जाएगी क्योंकि पागलपन की यही स्वाभाविकता है।

भारतीय काव्यशास्त्र में काव्यदोष के साथ-साथ दोष परिहार की चर्चा की गई है। श्री रामचरितमानस की कैकेयी के कोपभवन का वस्त्र विन्यास विधवा नारी जैसा है, और वहाँ वह दूषण नहीं, उस परिस्थिति की उपयुक्तता है। काव्यदोष एवं दोषपरिहार मूलतः औचित्य एवं अनौचित्य के सन्दर्भों से ही जुड़े हैं जो प्रकारान्तर भाव से औचित्य-अनौचित्य की ही सीमा में आते हैं।

औचित्य काव्य रचना निर्माण के वाह्य औचित्य से जुड़ा हुआ सन्दर्भ रचना की प्रणाली का द्योतक है, जबकि ध्वनि, वक्रोक्ति, रीति आदि तत्त्व, काव्यरचना तंत्र के अस्तित्व के वाचक या विधायक है। अतः औचित्य को सर्जक की सृजन के विषय में उसकी सावधानी से जोड़ा जा सकता है। औचित्य रचना का आवश्यक तत्त्व होते हुए भी वह नैसर्गिक संरचना से न जुड़कर उसकी संगति (Property) से जुड़ता है, जिसका अस्तित्व रचना के विधान के बाद आता है। मूलतः औचित्य चर्चा को महत्त्व देने का श्रेय आनन्दवर्धनाचार्य एवं आचार्य कुन्तक दोनों को ही है। दोनों आचार्यों ने अपने ग्रंथों में औचित्य एवं अनौचित्य पर कई टिप्पणियाँ दी हैं और ध्वनिवाद से जुड़े होने के कारण आचार्य क्षेमेन्द्र ने अपनी पूर्ववर्ती परम्परा को ध्यान में रखकर इसे विकसित किया और जैसे रचना के वे समग्र तत्त्व जो ध्वनि या वक्रता से सार्थकता प्राप्त करते हैं, औचित्य से भी उन्हें सार्थकता दिलाने की चेष्टा **आचार्य क्षेमेन्द्र** ने की—

पदे वाक्ये प्रबन्धर्थे गुणोऽलंकरणे रसे।
क्रियायां कारके लिङ्गे वचने च विशेषणे॥

काव्य सर्जना को ये संगतियाँ सर्वप्रथम कुन्तक देते हैं, फिर इसी क्रम में आनन्दवर्धन एवं अभिनवगुप्त। इसे एक व्यवस्थित सिद्धान्त के रूप में स्थापित करने का श्रेय आचार्य क्षेमेन्द्र को है। कवि शिक्षा एवं औचित्य दोनों पक्षों पर आचार्य क्षेमेन्द्र ने अपने व्यवस्थित सिद्धान्तों को रखा है।

ये सिद्धान्त इसलिए महत्त्वपूर्ण हैं क्योंकि इनके माध्यम से सर्जक में स्वावलम्बन का भाव उदय होता है। कवि शिक्षा तथा औचित्य दोनों सिद्धान्त सर्जक के लिए चेतावनी एवं आत्मालोचन का कार्य करते हैं। कवि प्रतिभा तबतक सार्थक नहीं होती

जबतक अभ्यास द्वारा उसमें व्युत्पन्नता नहीं आती। अपूर्व निर्माण के रूप में पाठकों के हृदय में शीघ्र स्थान प्राप्त करने वाली कला में दोष एवं अनौचित्य की वर्जना अपरिहार्य है और इसके लिए अभ्यास के अन्तर्गत अनौचित्य से मुक्ति के प्रयासों के निरन्तरता कवि के लिए अपेक्षित है। इसीलिए आचार्य क्षेमेन्द्र ने औचित्य को कविता का सर्वथा जीवन्त तत्त्व स्वीकार किया है।

आचार्य आनन्दवर्धन ने भी क्षेमेन्द्र के पूर्व अपनी प्रसिद्ध कृति ध्वन्यालोक में रसास्वादन के मूल हेतु के रूप में औचित्य को स्वीकृति दी है। उनके अनुसार केवल अनौचित्य मात्र रसभंग का कारण है, और कुछ नहीं। इस प्रकार, उन्होंने सम्पूर्ण रसदोषों को प्रकारान्तर भाव से अनौचित्य से जोड़ दिया है—

अनौचित्यादृतै नान्यद रसभंगस्य कारणम्।
प्रसिद्धौचित्यबन्धस्तु रसस्योपनिषपर।।

"अनौचित्य के अतिरिक्त रसभंग का और कोई कारण नहीं है और प्रसिद्ध औचित्य का स्मरण करना ही रस का परम रहस्य है।"

काव्य के वस्तु शरीर के निर्माण में लेश मात्र का अनौचित्य सम्पूर्ण काव्य रचना को ही दूषित नहीं करता अपितु आस्वादन पर सर्वथा विपरीत प्रभाव का कारण भी बन जाता है।

इस प्रकार, आचार्य क्षेमेन्द्र की विचारधारा की परिपक्वता की विस्तारपूर्वक चर्चा आचार्य अभिनवगुप्त के पूर्व से ही प्रचलित थी।

औचित्य सम्बन्धी इन पूर्ववर्ती विचारधाराओं का समन्वय करके उसे एक मत या सिद्धान्त के रूप में प्रतिष्ठित करने का श्रेय आचार्य क्षेमेन्द्र को है और कवि शिक्षा की ही भाँति यह सिद्धान्त भी रीतिनिष्ठ रूढ़ धारणाओं के विकास में सक्रिय रहा है।

□□□

भक्तिरस : सार्थकता तथा सम्भावनाएँ

भारतीय रस चिन्तन के अनुसार वासना का स्वभाव तृप्ति तथा अतृप्ति सृष्टि के समग्र प्राणियों की अन्तश्चेतना का अनिवार्य धर्म है। उसका सम्पूर्ण भावनात्मक जीवन इसी भावद्वन्द्व के बीच परिचालित होता है। आत्मतृप्ति के लिए आधार रागमयता एवं अतृप्ति का परिणाम ही क्लेशमयता है। आचार्य अभिनवगुप्त ने ठीक ही कहा है कि—सुख दुःख जननशक्तियुक्ता विषयसामग्री।

किन्तु क्या काव्यास्वादन का स्वभाव भी सुख-दुःख मूलक है? आचार्यों में इस विषय पर प्रायः मतभेद रहा है एवं शास्त्र चिन्तकों तथा आचार्यों का एक मत इसी प्रकार का अवश्य है, कि रस भी लोकात्मक भावों के अनुरूप सुख दुःखात्मक होते हैं।

कविता के रूप में शब्दों द्वारा वर्णित कवि संसार भी लोक की भाँति एक सुख-दुःखात्मक संसार है किन्तु वह सर्वथा कल्पनामंडित एवं चित्रमयी है। कवि द्वारा कल्पनापंडित इस चित्रमय संसार को लोक संसार नहीं कहा जा सकता क्योंकि इस संसार का सर्जक तथा भोक्ता इन्द्रिय प्रपंचों से मंडित मन है। काव्य या पाठक एवं अभिनय का द्रष्टा सामाजिक केवल अपनी रंजनात्मक चित्तवृत्ति के स्पर्श से सम्पूर्ण कवि व्यापार के सम्पर्क में आता है न कि पंच कर्मेन्द्रियों एवं पंच ज्ञानेन्द्रियों द्वारा। कविता का सत्य प्रातीतिक सत्य है और वह सत्यता केवल वस्तु संवेदना के मूलधर्म के रूप में है जिसकी काल्पनिक प्रतीति में संलग्न पाठक का मन उसकी प्रतीति से सम्बद्ध हो जाता है। कवि संसार को लोक संसार कहना अनुचित है।

कल्पनामंडित कवि रचित संसार सर्वथा कलात्मक, लोक स्वभाव से विलक्षण, पाठक के अध्ययन अनुशीलन अभ्यास द्वारा चित्त के अन्तर्गत साक्षात्कृत कर्मेन्द्रिय, ज्ञानेन्द्रिय, मन बुद्धि चित्त तथा अहंकार द्वारा भोगे जाते हुए लोक यथार्थ से सर्वथा विलक्षण, प्रातीतिक सत्य रूप, भाव चैतन्य स्वरूप तथा अपने रंजनात्मक स्वभाव के कारण सर्वथा चित्त के लिए विश्रान्तिदायक है। लोक स्वभाव तो केवल औचित्य प्रतीति के लिए है। ऐसी स्थिति में वस्तु सत्तात्मक सृष्टि के भोग से प्राप्त सुख-दुःख से सर्वथा भिन्न तथा प्रकृति एवं स्वभाव से विलक्षण यह काव्य जगत सर्जक कवि की अपनी कल्पनामयी सृष्टि है।

काव्य का आस्वादन वर्णित विषय वस्तु की भावना एवं पाठक के हृदय में संचित् निरपेक्ष वासना के पारस्परिक साक्षात्कार से होता है। मानव जाति की रुचियों, संस्कारों तथा उसके जीवनमूल्यों में परिवर्तन होने के कारण 'राग' का विस्तार होता जाता है।

आदिम समाज में राग का वासनात्मक स्वरूप आज की तुलना में फूहड़ तथा संस्कारच्युत हो सकता है। किन्तु उसकी सान्द्रता अनिर्वचनीय एवं अद्वितीय है। सभ्यता तथा संस्कृति से जुड़ी विचारधाराओं के विकास के साथ राग के स्वरूप में भी विस्तार अपेक्षित है। रूप एवं गुणों का विस्तार सृष्टि का नियम है और मानवीय कलाएँ भी इससे जुड़ी हैं आदिम मनुष्य केवल स्वात्मभोग को महत्त्व देता था, धीरे-धीरे पत्नी तथा परिवार का भाव आया होगा। पुत्र प्रेम, पत्नी प्रेम तथा गृह प्रेम जैसी भावना विकसित हुई होगी। इसी का विकास, क्रमशः ग्राम प्रेम, प्रकृति प्रेम, ईश्वर प्रेम, देश प्रेम, मानव प्रेम, विश्व प्रेम में हुआ होगा। भक्तिरस भी इसी भावनात्मक विकास की एक श्रृंखला है।

भक्तिरस का इतिहास तथा स्वरूप

देश, काल, संस्कार, मनोभावों में परिवर्तन, आदि का प्रभाव केवल सृजन पर ही नहीं पड़ता, आस्वादन पर भी पड़ता है। भक्ति जैसी आस्वादनपरक व्यवस्था आने पर उससे सम्बन्धित काव्यसृजन एवं रसास्वादन दोनों प्रकाश में आए। भक्ति की आस्वादनपरक व्यवस्था का उल्लेख एक स्थान पर **आचार्य आनन्दवर्धन** करते हैं—

या व्यापारवती रसान् रसयितुं काचिद् कवीनां नवा
दृष्टिर्या परिनिष्टितार्थविषयोन्मेषा व वैपश्चिती
ते द्वे अप्यवलम्ब्य विश्वमनिशं निर्वर्णवन्तो वयं
श्रान्ता नैव च लब्धमब्धिशयनं! त्वद्भक्तितुल्यं सुखम्।

हे समुद्रशायी! (विष्णु) रसों के आस्वादन के लिए (शब्द योजना में प्रयत्नशील कवियों की (प्रतिपलनवोन्मेषशालिनी) जो कुछ अपूर्व दृष्टि है, और प्रमाणसिद्ध अर्थों को प्रकाशित करने वाली जो विद्वानों की 'वैपश्चिनी' दृष्टि है, इन दोनों के द्वारा इस विश्व को रात-दिन देखते-देखते हम थक गए हैं, परन्तु आपकी भक्ति के समान सुख अन्यत्र कहीं नहीं मिला।

भक्ति भक्त के लिए सर्वथा प्रीतिकर है, किन्तु भक्ति की स्वयं की प्रीतिकारिता रस नहीं है। ब्रह्म विषयक सगुण या निर्गुण स्वरूप के आलम्बन को आधार विषय बनाकर सर्जनात्मक अभिव्यक्ति का भाव भक्ति रस है। ब्रह्म के स्वरूप, गुण, क्रिया तथा स्वभाव के विविध पक्षों को सृजन सन्दर्भ से जोड़कर आस्वादक के चित्त तक पहुँचाकर उसे आनन्दमय स्वरूप में रूपायित कर देना भक्तिरस के लिए आधार है।

भक्तिरस के लिए एक दूसरा भी सन्दर्भ है, वह है, आध्यात्मिक कविता से जुड़ा शान्तरस का स्थायिन् भाव निर्वेद, वैराग्य, समाधि, चित्तवृत्तिनिवृत्ति (सांसारिक प्रपंचों से) शम, तृष्णात्क्षयसुख सत्वमय चित्तदशा जहाँ से सम्पूर्ण भावों का जन्म होता है

1. ध्वन्यालोक : तृतीय उद्योत—छन्द संख्या 44 की व्याख्या—आचार्य विश्वश्वेर।

और अन्ततया उसी में समापन भी। प्रारम्भ, में, ऐसा स्वीकार किया जाता है कि इसकी सत्ता दयावीर एवं धर्मवीर रस में है। दयालुता एवं धर्म के उत्साहभाव के कारण इसे वीर रस से जोड़ा गया था किन्तु आनन्दवर्धनाचार्य ने महाभारत के अंगित् रस शान्तरस को स्वीकार करके इसे एक नया स्वरूप प्रदान किया।

शान्त रस का द्वितीय सोपान आचार्य अभिनवगुप्त के सन्दर्भ में देखा जाता है, जहाँ वैराग्य तथा योग की चित्त निवृत्ति से इसके सन्दर्भ को आनन्द पर्यवसायी बनाया गया और इसका स्थायीभाव तृष्णाक्षय सुख को सिद्ध किया।

वैष्णव भक्ति आन्दोलन के प्रचार-प्रसार ने इस शान्त को संसक्तिमूल बताकर शान्तभक्ति रति तथा उससे सम्बद्ध रसास्वाद को शान्त भक्तिरस बना दिया। यह शान्त रस लीलाभाव से युक्त सगुण ब्रह्म के रूप, गुण, क्रिया आदि में भक्ति की आत्यन्तिक संसक्ति सन्दर्भ से जुड़ा है। यह शममूलक या चित्तवृत्ति विरोध या वैराग्यमूलक शान्त न होकर प्रभु के रूप, गुण, क्रिया के वर्णन में संसक्त भक्ति की आनन्दमयी निश्छल अभिव्यक्ति है। सम्पूर्ण भक्ति साहित्य इस वर्णन से भरा पड़ा है। यथा—तुलसी का एक उदाहरण जो प्रभु राम के रूप वर्णन से सम्बद्ध है—

नील सरोरुह नीलमनि नील नीरधर स्याम।
लाजित तन सोभा निरखि कोटि कोटि सतकाम॥
सरद मयंक बदन छवि सींवा। चारु कपोल चिबुक दर ग्रीवा॥
अधर अरुन रद सुंदर नासा। बिधुकर निकर विनिन्दिक हासा॥
नव अंबुज अंबक छवि नीकी। तिलक ललाट पटल दुति नीकी॥
तड़ित विनिंदक पीत पट उदर रेख बर तीनि।
नाभि मनोहर लेत जनु जमुन भँवर छवि छीन॥

यह रूप वर्णन न श्रृंगार से जुड़ता है, न धर्म एवं दयावीर से। यह सगुणोपासक भक्त की अपने आराध्य के स्वरूप वर्णन के प्रति गहन आत्मिक संसक्ति भरी समर्पणमयी रागानुगातृप्ति है, जिसे दास्य, सख्य, वात्सल्य, एवं श्रृंगार से हटकर साधक की चित्त विश्रान्ति से जोड़ा जाता है। इसीलिए इसे रागानुगा विश्रान्तिमयी शान्ति भक्ति रस की भी संज्ञा दी गई।

इस प्रकार भक्ति रस के विकास के चार सोपान दिखाई पड़ते हैं। प्रथम स्थिति में यह दया एवं धर्मवीर से सम्बद्ध रहा, फिर वैराग्यमूलक समत्व से इसे सम्बद्ध किया गया। आध्यात्मिक साहित्य के व्यापक प्रचार-प्रसार के साथ इसे तृष्णाक्षय सुख या आनन्द के रूप में प्रतिष्ठित किया गया और भारत में भक्ति आन्दोलन के समग्रतया विकास के बाद भक्तिरस के नाम से घोषित करके भक्ति काव्य के आस्वादन का इसे सर्वोच्च मानक स्वीकार किया गया। भक्तिरस के विकास में लीलाभक्ति का योगदान सबसे अधिक रहा है।

भक्तिरस के सन्दर्भ में सबसे बड़ा भ्रम यह है कि यह साहित्य का नहीं, साधना का आस्वादन रूप रस है। यह भ्रम स्वयं भक्तों तथा भक्ताचार्यों के द्वारा

उत्पन्न किया गया है। भक्ति साहित्य की सबसे बड़ी विशेषता यह भी है कि केवल वह पाठ्य ग्रंथ मात्र नहीं है। वह उनकी साधना तथा आराधना की भी कृति है। श्री रामचरितमानस एक काव्य मात्र नहीं है अपितु वह भक्तों के लिए साधना तथा आराधना का भी ग्रंथ है, ऐसी स्थिति में पढ़े जाने पर मानस काव्य की भाँति ब्रह्मानन्द सहोदरत्व का आनन्द तो देता है, साथ-ही-साथ साधना तथा आराधना के अनिर्वचनीय आनन्द से भक्त तथा साधक के चित्त को विचलित करता है। 'कविता तथा भक्ति' दोनों को एक गाँठ में बांधना इस साहित्य की निजी प्रकृति है। भारतीय एवं पश्चिमी चिन्तक आध्यात्मिक आनन्द एवं कविता के आनन्द दोनों की मिली हुई इस प्रकृति की भूरि-भूरि प्रशंसा करते हैं और उनका विचार है कि पश्चिमी साहित्य में इस प्रकार का दृष्टान्त दुर्लभ है और वहाँ के पाठक इस तत्त्व को भलीभाँति समझ भी नहीं सकते। प्रसिद्ध सौन्दर्यशास्त्री **आनन्द कुमार स्वामी** का इतना ही कथन मात्र पर्याप्त है—

"The aesthetic concept of pleasure and spiritual concept of pleasure are brought together that we are able to realise their inter-relation in a manner which western thought has never known."

भारतीय जीवन तथा साधना में ब्रह्म भी आनन्द है, ब्रह्मानुभूति भी आनन्दमयी है और कविता से प्राप्त अनुभूति सौन्दर्य भी आनन्ददायी है, भक्ति के जिस माध्यम से वहाँ तक पहुँचा जाता है, वह भी परम आनन्दमयी रागात्मक प्रक्रिया है। भक्तिकाव्य में भक्ति प्रक्रिया भी है, मूल्य भी है और ब्रह्मास्वादन का प्रतिफल भी। **डॉ० आनन्द कुमार** स्वामी पुनः इस पर अपनी टिप्पणी देते हुए कहते हैं कि—

"And yet there remains philosophers firmly conceived that an Absolute beauty exits just as the others maintain the conceptions of Absolute goodness and absolute truth. The lovers of the God identify these Absolutes with Him."

भक्ति साहित्य केवल आनन्दमयी अभिव्यक्ति एवं साध्यरूप भक्तिरस की ही बात नहीं करता वरन् उसी में परम सत्य एवं परमशिवत्व की मूल्यमयी आस्वादन की प्रकृति का अनिवार्य स्वरूप स्वीकार करता चलता है। इस प्रकार, भक्तिरस भक्तिकाव्य का केवल काव्यास्वदन ही नहीं है वरन् कविता के द्वारा प्राप्त होने वाले प्रभु के स्वरूप की सत्यमयी तथा शिवमयी रूपाभिव्यक्ति की भाषिक सर्जनात्मक व्यवस्था भी है। भक्ति कविता ज्ञान तथा वैराग्य, योग तथा साधना से पलायन नहीं है और न इन सम्पूर्ण आध्यात्मिक पद्धतियों से कहीं भी लेशमात्र स्वल्प आँकी जा सकती है, वरन् इन सबके विपरीत यह एक श्रेष्ठ आध्यात्मिक प्रक्रिया है और उस युग की समग्र कविता, कविता के श्रेष्ठ गुणों से सम्पन्न होते हुए भी अन्ततया भक्ति साधना तथा साहित्य साहित्य के प्रतिफल दोनों हैं।

भक्ति रस की परिभाषा

भक्तिरस का शास्त्रीय स्वरूप भक्तिकाल के शीर्षकाल (पन्द्रहवीं तथा सोलहवीं) शती में दिखाई पड़ता है। भक्ति रस की परिकल्पना के पीछे दो कारण विशेष महत्त्वपूर्ण हैं, प्रथम यह कि, ब्रह्म के प्रति राग एवं संसक्ति का स्वरूप लोक राग एवं लोक संसक्ति से भिन्न है, अतः साहित्य में अभिव्यक्त ब्रह्मराग एवं ब्रह्म संसक्ति की व्याख्या का आधार भिन्न होना चाहिए। साहित्य के द्वारा अभिव्यक्त ब्रह्मराग एंव ब्रह्म संसक्ति की व्याख्या कैसे की जाए, इसको सार्थकता प्रदान करने के लिए भक्ति रस की स्थापना की गई। दूसरा कारण यह भी है कि कहीं शृंगारादि लोकभावों के माध्यम से भक्ति रस की व्याख्या करके उसे विकृत न कर दिया जाए, इसलिए भक्ताचार्यों ने भक्ति रस का विस्तृत विश्लेषण करते हुए काव्य एवं भक्ति रस का परस्पर अलगाव का विस्तारपूर्वक विवेचन किया है ताकि दोनों एक दूसरे में मिल सकें।

भक्तिरस की व्याख्या के सन्दर्भ में दो आचार्यों के मत विशेष महत्त्वपूर्ण हैं, आचार्य रूप गोस्वामी तथा मधुसूदन सरस्वती। रूप गोस्वामी ने अपने मत के सन्दर्भ में श्रीहरिभक्तिरसामृतसिन्धु तथा उज्जवलनीलमणि शीर्षक ग्रंथों की रचना की। मधुसूदन की कृति 'भक्ति रसायन' है। आधुनिक युग में भी करपात्री जी ने भी 'भक्ति रस' विषय पर एक महत्त्वपूर्ण कृति की रचना की है।

जैसा कि कहा गया है कि भक्ति रस के समक्ष जो समस्याएँ विशेष महत्त्वपूर्ण है, प्रथम यह कि हजारों वर्षों से भारतीय काव्यशास्त्रों में प्रतिपादित 'काव्य रस' चिन्तन से 'भक्ति रस' चिन्तन का अलगाव कैसे करें और इसी अलगाव से जुड़ी दूसरी समस्या उसको परिभाषित करने की भी है। भक्तिरस की परिभाषा एवं परम्परित रस धारणा से अलगाव इसकी दो प्रमुख समस्याएँ हैं। उनकी रस की परिभाषा इस प्रकार है—

मधुसूदन सरस्वती—"भक्ति विषयक विभाव, अनुभाव एवं संचारीभाव के संयोग से आनन्दमयी आध्यात्मिक स्थायीभाव निर्मित होकर भक्ति रस की व्यंजना करता है।

रूप गोस्वामी—कृष्ण भक्ति विषयक विभाव, अनुभाव, सात्त्विक भाव एवं संचारीभाव से परिपुष्ट सामग्री से उत्पन्न कृष्णरति की आनन्दमयी ब्रह्मवासना ही भक्ति रस है। यह रसत्व तबतक नहीं पुष्ट होकर उत्पन्न होता जबतक कि श्रवण आदि नवधा भक्ति के अभ्यास से श्री कृष्ण में अनन्य संसक्ति नहीं उपजती। श्री कृष्ण में अनन्य संसक्ति उत्पन्न होने के बाद ही भक्तिरस के उत्पन्न होने की सम्भावना बनती है।

संस्कृत काव्यशास्त्र की भाँति दोनों परिभाषाओं में 'विभावानुभावसंचारि' के संयोग से रस की निष्पत्ति की चर्चा की गई है। आचार्य रूपगोस्वामी 'विभावानुभावसंचारि' के कृष्णारति (स्थायी भाव) के परिपोषण की बात करते हैं। यह सिद्धान्त आचार्य भट्टनायक के भोगवाद के लगभग समीप है क्योंकि भक्ति से जुड़े 'विभावानुभाव

संचारि' के पोषण का सन्दर्भ अन्ततया कृष्णारति से है। चैतन्यमतावलम्बी रूप-गोस्वामी श्री कृष्ण की सम्पूर्ण संसक्ति में 'भक्ति विसर्जन' को रस मानते हैं।

दूसरी ओर, मधुसूदन सरस्वती 'आनन्दमयी चेतना' की व्यंजना को भक्तिरस की संज्ञा देते हैं। 'आनन्दमयी चेतना' सहृदय भक्तों की निष्कलुष रागात्मिका वृत्ति है, जो भक्ति साधना के पथ पर निरन्तर अभ्यास से भक्त ने प्राप्त किया है। अपने आराध्य के ध्यान, रूप, लीला, स्वभाव के प्रति लीलान्वयी तन्मयता एवं उनसे जुड़े साहित्य, मूर्ति, संगीत आदि कलाओं के सम्पर्क में आते ही जिस आध्यात्मिक संसक्तिमयी आनन्दवृत्ति का उदय होता है, वह भक्ति रस है।

मधुसूदन सरस्वती की अवधारणा आनन्दवर्धन एवं अभिनवगुप्त पादाचार्य के अधिक समीप है, और इसके द्वारा प्रभु की रूपाभिव्यक्ति का कोई भी माध्यम (काव्य, मूर्ति, संगीत, वाद्य, नृत्य लीला तथा गायन) निर्गुण एवं सगुण दोनों प्रकार के साहित्यों में अभिव्यक्त 'भक्ति रस' के आस्वादन की व्याख्या की जा सकती है।

यहाँ भक्ति के आचार्य सचेष्ट हैं कि भक्ति रस की व्याख्या इस प्रकार की जाए ताकि वह साहित्य रस की सीमा से अपने को पृथक् रख सकें।

इन भक्ताचार्यों ने इस सन्दर्भ में जो दूसरा प्रयास किया, वह अधिक महत्त्वपूर्ण है। इन्होंने इस सन्दर्भ में 'काव्य एवं भक्ति' रसों के पारस्परिक सम्बन्धों का निरूपण भी किया है। काव्य रस के लिए लोक वासनाएँ रति, हास, शोक, उत्साह, क्रोध, आश्चर्य, भय, ग्लानि—ये आठ ही हैं। भक्ताचार्यों ने भक्ति रस के लिए संसक्ति के रूप भेदों को आधार बनाया और वह आधार सामाजिक रचना से जुड़ा हुआ है। जैसे नारी-पुरुष के बीच कामभाव, समाज में पिता-माता तथा पुत्र के बीच वात्सल्यभाव, भाई-भाई के बीच भातृभाव,स्वामी दास के बीच दास्यभाव अर्थात् सम्पूर्ण समाज में वासनात्मक प्रपंच से जुड़े चार ही सम्बन्ध हैं, कामभाव, वात्सल्यभाव, सखाभाव, तथा दास्यभाव। इन आचार्यों ने आत्मा तथा परमात्मा की परिकल्पना करके 'विश्रान्तिभाव' की सत्ता भी स्थापित की तथा अपने आराध्य के चरित्रों को इन्हीं पाँच लोक सम्बन्धों में बाँटा। सगुण ब्रह्म की लीला के आधार समाज रचना में ये पाँच ही आधार हैं। रति, हास, क्रोध, शोक, आश्चर्य, भय, ग्लानि आदि स्थायीभाव रूपों का प्रपंच इस भक्त दास्य से जोड़कर उसे उसका अंग बना दिया। लीला तथा लोकभाव के सामाजिक सन्दर्भों के परम्परित साहित्य के स्थायीभाव अंग हो गए, तथा भक्ति रस अंगिन् या मुख्य बन गया। साहित्य का रस जहाँ लोक की भौतिक वृत्तियों (Insticts)पर आधारित है, वहीं इन भक्त कवियों ने उसे लीला रचना की सामाजिक मनोवृत्ति (Social insticts) का अंग बनाकर सहायक एवं गौण बना दिया। श्री राम तथा श्री कृष्ण का साहित्य जहाँ सामाजिक अवधारणा से जुड़ा एक वृहत्तर अवधारणा से सम्पृक्त है, वहीं साहित्य का मनोराग, विभावादि एवं स्थायीभाव मानव के एकाकी जीवन (Individual life) के आधार हैं। इस प्रकार, भक्ति रस के माध्यम से भक्त

कवियों ने साहित्य के मानदण्डों में न केवल परिवर्तन किया अपितु मूल्यवादी साहित्य की रस सम्बन्धी अवधारणा का भी नया विवेचन प्रस्तुत किया। भारतीय जीवन के परम्परावादी प्रभाव के कारण उनका यह कलात्मक चिन्तन आगे अधिक विकसित नहीं हो सका, यह निश्चित ही खेद की बात है।

रस के अंगागि सम्बन्ध में उनका दूसरा तर्क इस प्रकार है—साहित्य में भक्ति रस को देवादि विषयक रति होने के कारण काव्यदोष की श्रेणी में रखा गया है। आचार्य मधुसूदन सरस्वती इसका खण्डन करते हुए कहते हैं कि यह देवता विषयक रति इन्द्रादि के लिए है, परम विश्रान्ति रूप ब्रह्मानन्द के प्रति ऐसा आरोप परम्परा में कहीं भी नहीं मिलता। मधुसूदन सरस्वती ने भावों को दो श्रेणी में विभक्त किया है—(1) विशुद्ध भाव (2) संकीर्ण भाव।

भक्ति के साथ लोकभाव मिश्रित होकर संकीर्ण शुद्धभाव एवं लोक के साथ लोकभाव मिलकर केवल मिश्रित भाव बन जाते हैं। संकीर्ण शुद्ध भाव रस में मिलकर उसको दीप्त बनाते हैं। लीलाभाव लोक से जुड़े हैं और शुद्धभाव अर्थात् आध्यात्मिक आनन्द से मिलकर लोक के लीलाभाव भी आनन्द की अभिव्यक्ति के माध्यम बन जाते हैं। भक्तिरस में लोक सन्दर्भ आभास मात्र के लिए है जैसे लोक में वियोग संकीर्ण भाव है किन्तु राधा से जुड़कर श्रीकृष्ण के लिए उनका यह वियोग और मीरा तथा अंदाल जैसी श्रीकृष्ण सेविकाओं का वियोग भक्ति से जुड़कर उसी आध्यात्मिक श्रेणी में आ जाता है। **मधुसूदन सरस्वती** इसकी पुष्टि करते हुए कहते हैं कि—

'भगवदालम्बनत्व विशिष्टत्वात् केवल मिश्रिततत्त्वमिति पर्यवसितम्।'

उनके अनुसार भक्ति के विशुद्ध भाव, विशुद्ध रति, वात्सल्य भक्ति रति एवं प्रेयोभक्ति रति जुड़कर मिश्रित भाव बन जाते हैं। मूल तथा मिश्रित भावों की व्याख्या द्वारा इन आचार्यों ने भक्तिरस एवं काव्यरस इन दोनों के बीच ऐक्य स्थापित करने का कार्य किया है।

इसे मिश्रित और विशुद्ध जैसा स्वरूप न बताकर रूप गोस्वामी ने काव्यरस को भक्तिरस के अन्तर्गत इस प्रकार देखा है—

भक्तों के हृदय में भक्ति साहित्य पढ़कर या नाट्य के रूप में भी काव्य की लीला देखकर जहाँ कृष्णालम्बन में हास की चेष्टाएँ अभिव्यक्त हों, वहाँ हास्य रस होगा। भक्ति हास्य के मूल है, और हास भाव लोकात्मकता से भिन्न होगा।

इसी प्रकार शेष छः अद्‌भुत, करुण, रौद्र, भयानक, वीभत्स, एवं वीरभक्ति रस के अन्तर्गत इनसे सम्बद्ध रति के आलम्बन श्रीकृष्ण बनकर उनमें सम्बद्ध रसों की निष्पत्ति कराते हैं।

इस क्रम में 'कृष्ण काव्य' के विविध लोक संदर्भों को भागवत् आश्रय देकर उसे अंगरस के रूप में स्वीकृत करने का यह प्रयास भिन्न स्वभाव से जुड़ा दिखाई पड़ता है। इसे लोकभाव में आध्यात्मिक चेतना की अनुभूति कह सकते हैं।

भक्तिरस की अवधारणा का औचित्य

जैसा कि प्रारम्भ में कहा गया है, युग, जाति, परिवेश, सामाजिक अवधारणा, समाज की आवश्यकता के आधार पर मानवीय रागात्मक प्रवृत्तियों के आवरण पर बदलाव दिखाई पड़ने लगता है। भक्ति के लगभग तीन-चार-सौ वर्षों के साहित्य से लगता है, भक्ति की वासना ही सब कुछ है किन्तु ठीक उसके बाद हिन्दी साहित्य की रीतिनिष्ठा के युग में भक्ति चेतना में शृंगार भाव व्याप्त हो उठा। पण्डित महावीर प्रसाद द्विवेदी युग में लगता है, राष्ट्र प्रेम एक महत्त्वपूर्ण वासना है और आज इस आधुनिकता के दौर में नयेपन के मिजाज से हमारे रागात्मक रूपों में अस्थिरता का दौर शुरू है। ऐसी स्थिति में यह मानना कि रस की परम्परित अवधारणा देश, काल एवं परिवेश के बदलाव से मुक्त एवं अप्रभावी है, ऐसा नहीं है। सृजन की कोई भी विधा हो, कला का काई भी रूप हो, पाठक उसके सम्पर्क में आकर आनन्द की अनुभूति प्राप्त करेगा, चाहे वह जितने भी क्षण की हो, किन्तु होगी अवश्य। कलाएँ पहले हमारे भाव जगत का स्पर्श करती हैं, फिर वे चैतन्य से जुड़ती हैं। सोच-विचार की प्रक्रिया आगे होती है। भक्त कवियों ने परम्परित मानों के आधार पर भक्ति साहित्य की व्याख्या को अव्यवहारिक एवं असम्भव मानकर उसके लिए दूसरे मानदण्डों की तलाश की तो इसका यही अर्थ है कि अपने काव्य सृजन से जुड़े आस्वादन की गतानुगतिका एवं रस सिद्धान्त की सनातनता जिस रूप में वर्तमान थी, उसका इन कवियों ने विरोध किया।

इन भक्त कवियों के विरोध को आधुनिक समीक्षा ने पूरी तरह से जाँचा परखा नहीं, जबकि उसके साथ साहित्यिक मानदण्डों एवं मूल्यांकन के नए प्रश्न सम्बद्ध हैं। अब भी, भक्तिकालीन साहित्य शोध एवं समीक्षा में प्रचीन रस सिद्धान्त एवं पुराने काव्यशास्त्रीय मानकों को आधार के रूप में स्वीकार किया जा रहा है, इससे बड़ा आश्चर्य और क्या हो सकता है?

□□□

नाटक

संस्कृत साहित्य में 'नट्' शब्द नितान्त प्राचीन है और इसका एक अर्थ अभिनय भी है। 'नटन्' शब्द का अर्थ, अभिनयकार्य है। नट कर्म को भी अभिनय कार्य कहते हैं। इसी के समानान्तर 'नटचर्या' शब्द का प्रयोग मिलता है—जिसका अर्थ है, वाणी एवं अङ्गव्यापार द्वारा अभिनय। इस प्रकार नाट्य, नाटक, नट व्यापार, नटन्—आदि नाटक के रूप में आदिकाल से चले आ रहे हैं।

प्रारम्भिक काल में इस नाट्य विद्या को निर्देशित करने वाले शास्त्र को 'नटसूत्र' के नाम से पुकारा गया और पाराशर तथा शिलालिन् इस नट्सूत्र के सर्जक थे—

'पाराशर्य शिलालिम्यांभिक्षुनट सूत्रयोः'

पाणिनि के इस सूत्र में 'नटसूत्र' का संकेत है ओर भरत कृत नाट्यशास्त्र में इनमें से कुछ सूत्रों का उपयोग किया गया है।

नट् कौन थे, यह एक विचारणीय प्रश्न है। आचार्य अमरसिंह ने अपने कोष में इनका उल्लेख इस प्रकार किया है—

शैलालिनस्तु शैलूषा जायाजीवा कृशाश्विनः।
भरता इत्यपि नटा चारणस्तु कुशीलवा॥

यहाँ 'भरत' आचार्य भरत न होकर 'नट्' नामक एक जाति है, और सबसे पहली बार याज्ञवल्क्य स्मृति में भरत का अर्थ नट बताया गया है।

भरत कृत नाट्यशास्त्र इन्हीं नटकर्मियों की शास्त्र विद्या है, जिन्हें 'भरत' नामक एक आचार्य व्यक्ति ने व्यवस्थित किया।

सामान्य रूप से विश्वास किया जाता है कि ई.पूर्व. चौथी पाँचवी शती से यह नट विद्या प्रचार में आ चुकी थी। जातक कथाओं, पाणिनि कृत अष्टाध्यायी, कौटिल्य कृत अर्थशास्त्र आदि इसके प्रमाण हैं।

परवर्ती काल में लगभग ईसा की चौथी शती तक इस नाट्यशास्त्र को आचार्य भरत से जोड़ा गया। सर्वप्रथम इस संदर्भ में उल्लेख कालिदास कृत विक्रमोवशीय नाटक में मिलता है—

रूपकनिरूपणीयं भरतः रसाधिकारं नन्दिकेश्वरः।

अर्थात् सर्वप्रथम बार नाटक का शास्त्रनिरूपण आचार्य भरत ने किया था। चौथी शती के बाद 'भरत' कृत नाट्यशास्त्र का इस संदर्भ में व्यवस्थित उल्लेख किया जाने लगा था।

भरत का नाट्यशास्त्र स्वयं इस तथ्य का साक्ष्य है कि इसकी रचना दो रूपों में हुई थी। नाट्यशास्त्र सम्बन्धी पुराने रचनासंदर्भों को तथा लोक में प्रचलित वेद वेदांगों तथा अन्य विधाओं को जोड़कर।

जहाँ तक प्रथम संदर्भ का प्रश्न है, पूर्व ही आचार्य कृशाश्व एवं शिलालिन् के 'नाट्यसूत्र' का उल्लेख किया जा चुका है। नाट्यशास्त्र के छठें अध्याय में रस की चर्चा करते समय 'रससूत्रों' का उपयोग हुआ है। नाट्यशास्त्र के अन्तर्गत छः सूत्रों का उल्लेख हुआ है। दूसरा सन्दर्भ—आनुवंश्य (परम्परा से सम्बद्ध) श्लोकों का है। भरत ने नाट्यशास्त्र में भवन्ति चात्र आर्याः, भवन्ति चात्र श्लोकाः, अत्र आनुवंश्याः आदि संकेतों का उल्लेख मिलता है, जिसका अर्थ है—आचार्य भरत ने नाट्यशास्त्र से जुड़े अपने पूर्व प्रचलित सूत्र, भाषा, अनुवंश श्लोक, आर्याछन्द आदि का संकलन नाट्यशास्त्र में किया है। इसीलिए कहा जाता है कि यह नाट्यशास्त्र कोई मौलिक कृति न होकर परम्परित नाट्य विद्या का संकलन है।

नाट्यशास्त्र के आदि प्रणेता आचार्य भरत थे, इस पर परम्परा में विवाद मिलता है। एक परम्परा के अनुसार ब्रह्मा इस विद्या के उद्भावक आचार्य है। एक दूसरी परम्परा 'शिव' से जुड़ती है। शिव ने अपने गण आचार्य तण्डु को यह विद्या दी थी और वही इसे प्रकाश में लाए। संस्कृत नाटकों में नांदी पाठ को देखकर यह कहा जाता है कि नाट्य विद्या के आदि आचार्य नन्दिकेश्वर थे—और उन्हीं को स्मृति में 'नांदी पाठ' और आचार्य भरत की स्मृति में नाटकान्त के समय 'भरत वाक्य' की योजना का उल्लेख मिलता है। आचार्य अभिनव गुप्त ने अपनी प्रसिद्ध कृति अभिनव —भारती में एक स्थल पर कहा है कि—

'तण्डुमुनि शब्दौ नन्दिभरतयोरपरनामनी'

सामान्य रूप से नाट्शास्त्र का सम्पूर्ण पाठ चार रूपों में है—

1. सूत्र भाग, आनुवंश्य श्लोक भाग, कार्तिक भाग
2. भाष्य भाग
3. श्लोक रूप
4. अनुष्टुप छन्द रूप

द्वितीय संदर्भ के विषय में स्वयं आचार्य भरत ने ही नाट्यशास्त्र के प्रारम्भिक अध्यायों में बताया है कि इस पंचम नाट्यवेद की स्थापना के लिए उन्हें इसमें क्या-क्या जोड़ना पड़ा था। इस सन्दर्भ में प्रसिद्ध श्लोक है—

जग्राह पाठ्यं ऋग् वेदात् सामभ्योगीतमेव च।
यर्जुवेदानभिनयान् रसान् अथवर्णादपि।।

नाटक का पाठ्यांश ऋग्वेद से, गीतिरचना सामवेद से यजुर्वेद से, अभिनय तथा रस अथर्वण से ग्रहण किया। आचार्य भरत की प्रार्थना पर शिव ने तांडव नृत्य,

पार्वती ने लास्य, इन्द्र ने इन्द्रध्वज दिया। इस नाट्य अभिनय को प्रोत्साहित करने के लिए देवता, ऋषि, मुनि तथा विविध आचार्यों ने संगीत, नृत्य, ताल, गीत, वाद्य, अंगमुद्राएँ, भाव आदि तत्त्वों का दान देकर इसे समृद्ध बनाया।

इस प्रकार युग विशेष में लोक की आवश्यकता के अनुरूप संग्रहकृति का उपयोग करके नाट्य विद्या की रचना की गई। आचार्य भरत ने इसीलिए, नाट्यशास्त्र के अन्तर्गत बताया है कि—

न तच्छास्त्रं न तच्छिल्पं न सा विद्या न सा कला।
न सा योगो न तत् कर्म नाट्येऽस्मिन् न दृश्यते॥

इस प्रकार, नाट्य के अन्तर्गत सम्पूर्ण शास्त्र, सम्पूर्ण शिल्प, सम्पूर्ण विधाओं, सम्पूर्ण कलाओं का संयोग दिखाई पड़ता है।

नाटक का परिभाषा

नाटक को कैसे परिभाषित किया जाए, यह जटिल कार्य है। सामान्य रूप से काव्य के रूप में यह दृश्य काव्य के नाम से पुकारा जाता है और इस दृश्यकाव्य को तीन रूपों में परिभाषित किया जाता है—

अवस्थानुकृतिं नाट्यं रूपं रूपदृश्यतयोच्यते।
रूपकं तत्समारोपात् दशधैव रसाश्रयम्॥

अवस्था विशेष की अनुकृति का नाम नाटक है, अभिनय कर्त्ता अभिनय के लिए किसी अन्य का रूप विन्यास करता है, इसलिए इसे रूप कहा जा सकता है, स्वयं पर पात्र के रूप, गुण, क्रिया, स्वभाव के सफल आरोपण के कारण इसे रूपक भी कहा जाता है और इस रूपक के दशभेद हैं, जो रसाश्रित हैं।

नाट्य प्रक्रिया को समझाने के लिए इस प्रकार यहाँ तीन बिन्दुओं को स्वीकार किया गया है—

1. किसी विशिष्ट अवस्था में पड़े हुए ऐतिहासिक या समाज के व्यक्ति विशेष का पूरी तरह से अनुकरण।
2. स्वयं पर अन्य व्यक्ति का स्वांग स्थापित करना
3. देश, काल, क्रिया, गुण, स्वभाव से जुड़े पात्र का आरोपण

इस प्रकार, नाटक की स्थिति अनुकरण, रूपाकृति विन्यास एवं आरोपण है।

1. अनुकृति का अनुकरण—नाट्य का यह मूल धर्म है। भरत ने इस अनुकरण के लिए लोकानुकीर्तन शब्द का प्रयोग किया है। उदाहरण के लिए वन में प्रिय वियोग में विलाप करते हुए राम है। यह राम एक ऐतिहासिक पुरुष हैं और इन ऐतिहासिक पुरुष का इतिहास, काव्य एवं पुराण ग्रंथों में नाम सुना गया है। इनके विलाप के विषय में पढ़ा गया है। नाटक की मूल समस्या उस वियोग की अवस्था में विलपित 'राम' की पुर्नप्रस्तुति करनी है। इस पुर्नप्रस्तुति का लक्षण होगा—पाठक

विश्रामजननं लोके नाट्यमेतद्भविष्यति॥

यह तपस्वीवर्ग के लिए ही नहीं, समाज के श्रमिक जैसे दुःखी, श्रम से थके हुए एवं शोकग्रस्त जनों के लिए अभिनय के क्षणों में आनन्ददायिनी दृश्य विधान है। आचार्य भरत का मन्तव्य है कि नाटक के सम्पर्क में आने पर दुःख, शोक एवं थकान दूर हो जाती है।

आचार्य भरत ने नाटक को अपने में एक व्यापक सामाजिक हितबद्धता के फलक को जोड़कर उसके लोकोपयोगी मन्तव्य का विधिवत् विस्तार किया। नाट्यवेद वेदों की ही भाँति सामाजिक हितबद्धता का सार्थक आधार है और इसे स्पष्ट करते हुए आचार्य भरत बताते हैं कि—

"इस नाट्यवेद के अन्तर्गत धर्म प्रवृत्त के लिए धर्म, कामोपसेवी के लिए काम, दुर्विनीत के लिए विग्रह, विनीत के लिए शालीनता, क्लीवों के लिए धृष्ठता, शूर और मानियों के लिए उत्साह, अवुधों के लिए बिवोध-विदुषों के लिए वैदुष्य, ऐश्वर्यशालियों के लिए विलास, दुखी के लिए शौर्य, अर्थोपजीवियों के लिए अर्थ, उद्विग्न चेतसों के लिए धृति है। यहाँ समाज के समस्त कामनाशील व्यक्ति अपनी समस्त कामनाओं की प्राप्ति करते हैं।"

नाट्य किसी एक गोष्ठी, वर्ग तथा बँधे-बँधाए विद्वत् वर्ग से नहीं सम्बद्ध है। श्रव्य काव्य का पाठक या भावक की अपनी सीमा होती है किन्तु नाटक के दर्शन सामाजिक की कोई सीमा नहीं होती। इसीलिए इसकी व्यापकता की ओर संकेत करते हुए आचार्य भरत बताते है कि—

अर्थमशस्यमानुष्यं हितबुद्धिविवर्धनम्।
जननं नाट्यमेतद् भविष्यति॥

आचार्य भरत नाट्य हेतु पर अत्यधिक विस्तारपूर्वक चर्चा करते हुए इसके सार्वजनिक स्वरूप को बार-बार इंगित करते हैं। वे कहते हैं कि—

"यह नाट्य वेद उत्तम, मध्यम तथा अधम श्रेणी के कर्म का आश्रय रूप हितोपदेश का नियन्ता तथा सुख, क्रीडा एवं वृत्ति का उद्भावक है। यह तपस्वियों के दुःख, श्रम, शोक का विनाशक है। लोक के लिए विश्रान्तिदायी है। देवता, असुर, राजपरिवार एवं कुटुम्बियों के लिए सहज और सहज ग्राह्य है।

नाटक के सामाजिक संदर्भ के अतिरिक्त उसका मुख्य नाट्य फल दर्शक के लिए आनन्द का आस्वादन है। आचार्य भरत ने नाट्यशास्त्र के अन्तर्गत इस नाट्यकाल का अधिक विस्तारपूर्वक उल्लेख किया है—

वेद विद्योतिहासानामख्यानपरिकल्पनम्।
विनोदजनन लोके नाट्यमेतद् भविष्यति॥

आचार्य अभिनवगुप्त इस श्लोक की व्याख्या करते हुए कहते है कि—

प्रीतिरेव प्राधान्यं... प्रधानान्येनानन्द एवोक्तः

प्रीति अर्थात् नाट्य से उत्पन्न आनन्द का भोग ही उसका सर्वतोत्कृष्ट फल है। उनका यह आनन्द आध्यात्मिक आनन्द के समकक्ष संवित् अखंडानन्द के सदृश है और यही नाटक का मुख्य कथाफल है—

चतुवर्गप्युत्पत्तेरापि आनन्द एवं पर्यान्तिकम् मुख्यं फलं।

इस प्रकार नाट्य का मुख्य लक्ष्य दर्शक के आध्यात्मिक आनन्द के समतुल्य काव्यानन्द के आस्वादन से तन्मयीभूत कर देना और प्रधानभूत रूप से इस फल के साथ ही, अवान्तर-भाव से दर्शक इतर नाट्य फलों की भी प्राप्ति करता है।

❑❑❑